上海市教委重点学科（第五期）项目　　　　　　　　　项目编号：J50801

奉献的一生

上海音乐学院钢琴系四大教授纪念专辑系列

范继森纪念文集

主编　徐嘉生

上海音乐学院出版社
SHANGHAI CONSERVATORY OF MUSIC PRESS

图书在版编目（CIP）数据

奉献的一生：范继森纪念文集/徐嘉生主编. —上海：
上海音乐学院出版社，2008.5
（上海音乐学院钢琴系四大教授纪念专辑系列）
ISBN 978 – 7 – 80692 – 360 – 3

Ⅰ. 奉⋯　Ⅱ. 徐⋯　Ⅲ. 范继森（1917～1967）– 纪念文集
Ⅳ. K825.76 – 53

中国版本图书馆 CIP 数据核字（2008）第 045831 号

书　　名：奉献的一生——范继森纪念文集
主　　编：徐嘉生
责任编辑：沈庭康
封面设计：邵奇青
出版发行：上海音乐学院出版社
地　　址：上海汾阳路 20 号
印　　刷：上海师范大学印刷厂
开　　本：787×1092　1/18
印　　张：$10\frac{2}{3}$
插　　页：10
字　　数：170 千
版　　次：2008 年 5 月第 1 版　2008 年 5 月第 1 次印刷
印　　数：1—2,300 册
书　　号：ISBN 978 – 7 – 80692 – 360 – 3/J.348
定　　价：25.00 元

以至爱之心
　育琴坛良才
以集贤之怀
　聚四方能人
正直爱园　热忱待生
真诚奉献　桃李盈门
鞠躬尽瘁　死而后已
精神不朽　业绩长存
　　深切纪念
范继森先生诞辰九十周年
　　丁亥年春　栗栩敬题

青年时期的范继森 1938 年抗日战争时期

中年时期的范继森　1956 年

1954 年在学生毕业音乐会上

1952 年

**1944 年在重庆松林岗国
立音乐院分院任教**

1947 年在上海江湾国立上海音专

**1948 年在江
湾校舍前**

1951 年在上海铜仁路寓所

1953 年

1961 年在文
化俱乐部

1962 年在
华东医院

1944 年在重庆松林岗国立音乐院分院钢琴系部分师生

后排左起：范继森、李蕙芳、朱伯封

前排左起：麦碧霞、李润华、郭蕙英

1951 年在江湾校舍前钢琴系部分师生合影

后排左起：王　羽、王世昌、范继森

前排左起：刘爱贤、杨素凝、李翠贞、
　　　　　徐诚立、杨秀瑛

1958 年在汾阳路校园

后排左起：朱起东、范继森、胡　投

前排左起：王孝存、叶淑琏、夏承瑜

**1960 年钢琴系毕业班师生合影
于汾阳路南大楼前**

第三排：范继森、张隽伟、刘思同

第二排：李文蕙、张伟琦、全庚华、
　　　　李嘉禄

第一排：秦有斐、马文琛、李淑君、
　　　　汪容生、黄登辉

1959 年在汾阳路钢琴系全体教师
部分学生合影

后排：范继森、李嘉禄、张隽伟、史大正、
李瑞星

中排：戴谱生、秦有斐、李文蕙、全庚华、
张伟琦、李翠贞、吴乐懿、王 羽、
方伯华

前排：孙 零、陈孟娴、肖 酩、郝树棠

钢琴系全体教师与 1958 年毕业生合影

在漕河泾

后排左起：廖乃雄、潘璐璐、周士瑜、
陈琪先、秦有斐

前排左起：李瑞星、范继森、张伟琦、
吴乐懿、全庚华(李肇真)、
李嘉禄、张隽伟

1951 年 10 月 12 日与苏联作曲家合影

后排左二起:卡巴列斯基、
　　　　　　贺绿汀、范继森
第二排左三:葛蔚英
前排左一:钟慧

50 年代苏联钢琴家谢洛夫来我院参观时合影

后排左起:范继森、汪启璋、谢洛夫
前排中为吴乐懿、右为谭抒真

在北京开文代会时留影

左起:陈　洪、谭抒真、黄贻钧、
　　　李嘉禄、谢绍曾、丁善德、
　　　范继森

与苏联小提琴家:奥依斯特拉哈、钢琴家杨波尔斯基合影

1957 年 10 月 18 日在漕河泾

后排左起:谭抒真、范继森、朱雅青、陆洪恩、章　彦、王人艺、李名强、朱起东、郑延益

前排(坐)左二起:丁善德、贺绿汀、奥依斯特拉赫、扬波尔斯基、陈又新、吴乐懿

1961 年范继森给附小学生许斐平上课

1952 年范继森、徐嘉生伉俪在太湖度蜜月

范继森和范大雷

全家合照

范继森、范大雷父子之墓

贺绿汀题词：

范继森、范大雷父子是永远为后代怀念的无私奉献的钢琴艺术家和教育家

目　　录

奉献的一生

——范继森教授生平

徐嘉生

　　范继森教授是我国著名的钢琴教育家,他为钢琴教育事业奉献终生。为国家培养了大批卓有成就的钢琴家,在钢琴教学理论和方法上给我们留下了非常宝贵的经验。

　　范继森 1917 年 11 月 4 日出生于南京,1924～1930 年在南京中学附属实验小学读书,1930～1933 年在南京中学读初中。他从小学习优良,爱好游泳,16 岁时获全国运动会横渡长江冠军。

　　范继森对音乐的爱好,最初来自于电影。他在读小学和初中时,还处于无声电影时代,电影放映前往往由乐师们在乐池里演奏,优美悦耳的琴声使范继森着了迷。他经常去电影院聆听,不久对钢琴产生了浓郁的兴趣。当时在民众教育馆工作的音乐指导何作良,被范继森虚心好学的精神所感动,不仅让范继森在民众教育馆练琴,还给予指导。于是范继森每晚去那里练琴,直到深夜,在短短的两三年里进步飞速,学会了不少曲子。范继森出于对音乐的酷爱,决定投考上海国立音乐专科学校。

　　1934 年范继森在上海国立音专华丽丝教授班上选修钢琴。1935 年考取了国立音专钢琴本科,师从著名俄籍钢琴家查哈罗夫教授。范继森在国立音专期间刻苦学习,打下了扎实的基本功,学习了大量曲目,成绩优异。

　　1937 年日寇发动侵略战争,不久上海沦陷,京沪铁路不通车,家庭经济来源中断。范继森不愿在敌占区生活,决定去内地谋生,从此结束了他的学生生涯，踏入社会。

1938 年初范继森到了汉口。当时的汉口是国共合作抗日救亡运动的中心，有很多爱国组织，到处都是群众歌咏，爱国宣传。范继森所熟悉的音专同学向隅、唐荣枚，杜矢甲都毅然去了延安参加抗日，这对于范继森的思想震动很大。经人介绍，范继森先后在中国电影制片厂"怒潮乐社"和国民党"励志社"实验管弦乐团工作。由于汉口遭敌机轰炸，乐团迁到重庆。"励志社"实验管弦乐团的主要任务是为政府招待各国使节及国民党高级官员演出。范继森要参加室内乐重奏，又要为小提琴家、大提琴家及歌唱家弹伴奏。他通过这些艺术实践得到了锻炼和提高，工作很出色。后来"励志社"增加了堂会演出，范继森认为"出堂会"是对音乐艺术的亵渎而拒绝演出。由于罢演事件多次发生，"励志社"在 1940 年 5 月宣布乐团解散。

1939 年 11 月，国民党中训团音乐干部训练班在重庆浮图关成立，范继森在音干班担任钢琴教学兼任合唱伴奏。音干班的演出很多，在社会上深受欢迎。其中的百人大合唱气势雄伟，在当时宣传抗日救亡运动中起到了积极的作用。范继森以精湛的钢琴伴奏，把合唱中慷慨激昂和优美的情感烘托得真切动人，为音乐会增添了光彩。

在音干班的演出中，也发生过一次"范继森罢演"事件。那次是为了欢迎宋美龄访问印度回国。主办单位邀请音干班参加音乐会演出，但是音乐会却临时变成了出堂会的形式。范继森见此状愤然离去。他刚直不阿的态度，高风亮节的人品，一直为人称道。

国民党为了扩充实力，规定音干班的学员和教官一律加入国民党。贺绿汀不愿参加国民党，于前一天晚上离去，范继森不入国民党，不去礼堂参加宣誓，结果也不了了之。

贺绿汀离开音干班后，来到陶行知创建的育才学校音乐组任教。1940 年底，贺绿汀邀请小提琴家黎国荃和范继森参加育才学校的首次学生汇报音乐会。他们在音乐会上演奏了门德尔松的《e 小调小提琴协奏曲》，受到好评。

1941 年初，周恩来总理在曾家岩接见了黎国荃和范继森。周总理谈到为了团结抗日，全国人民应该贡献自己的力量。总理对他们协助育才学校培养音乐幼苗，表示赞赏。

1941 年皖南事变后,时局紧张,育才学校大批教师离校,贺绿汀、姜瑞芝也去了延安,音乐组的教学陷入困境。陶行知先生派学生陈贻鑫找范继森教课。不久,范继森便主动到育才学校义务教学。育才学校地处偏僻的凤凰山,范继森从重庆江边要乘五小时轮船到北碚,下船后还要再走二十多里山路,到校时已近黄昏。晚上他在油灯下给学生上课,第二天一早再继续教完二十几位学生,然后连夜赶路回重庆,春夏秋冬风雨无阻。范继森为了培养音乐人才,不辞辛苦,不为名利,无私奉献。

1946 年育才学校迁至上海,改名为行知艺术学校,1952 年并入上海音乐学院附中。范继森一直在该校担任教学。育才学校从创办开始,经过四、五十年后,当年音乐组的学生中已有不少人成为音乐界的骨干,如指挥家陈贻鑫,作曲家杜鸣心,小提琴家杨秉荪,钢琴家钟慧、李其芳等,他们的成长与范继森的启蒙教学和基础训练是分不开的。

1943 年 1 月重庆国泰大戏院上演话剧《安魂曲》引起了轰动,剧中的主人公是音乐家莫扎特,扮演莫扎特的是戏剧文学家曹禺先生。范继森被邀请协助演出。当舞台上的莫扎特演奏钢琴时,范继森在舞台侧面配合弹奏莫扎特《A 大调奏鸣曲》,美妙动人的音乐,给话剧演出增添了不少光彩。

抗战八年间,范继森在重庆参加音乐会的演出十分频繁,他与歌唱家斯义桂、小提琴家戴粹伦多次巡回公演,与许多歌唱家、器乐演奏家合作,举行独唱、独奏、重奏音乐会,这是范继森青年时代艺术实践的经历,对当时我国的音乐事业起着很大的推动作用。

1943 年音干班由教育部接管,成立了国立音乐院分院。范继森任讲师、副教授,同时在国立音乐院兼职任教授,并在山东省立歌剧学校兼职任导师。1945 年抗战胜利后,国立音乐院分院改为国立上海音乐专科学校。

1946 年 10 月,全校师生回到上海,并入国立上海音乐专科学校。这期间范继森积极支持"反饥饿、反迫害、反内战"的学生运动,参加进步学生的组织活动和游行,谱写了《反迫害、争民主》的歌曲。解放前夕,音专校长戴粹伦强迫教师在"反共戡乱宣言"上签名,范继森带头反对,理直气壮地说:"我不签。"表明了爱国主义的精神和立场。

1949 年 5 月上海解放,上海音乐工作者为庆祝上海解放发表了共同宣言，范继森与其他教师在宣言书上签名。新中国成立以后，学校曾改名为中央音乐学院华东分院，后又改名为上海音乐学院。范继森任副教授、教授。1951年起任钢琴系的副系主任、主任。学校恢复了教学秩序，范继森专心致力于教学工作。

范继森在长年的教学工作中，特别突出的贡献有：

一、狠抓基本功——他主张培养音乐人才应从基础做起，总结出一套行之有效的训练方法，为学生打好扎实的基础，掌握钢琴演奏的技巧。范继森熟悉大量的钢琴作品，针对每个学生，量身定做地制定一套全面的教学计划。他在教学过程中，将循序渐进与合理的程度跳进相结合，以发挥学生的潜在能力，提高学生的业务水平。

二、因材施教——范继森重才、爱才。他认为对天才学生需要进行特殊培养，因材施教。许斐平9岁进入上音附小，范继森发现他天赋高，手的条件好，决定尽快给他打好基础，掌握相当数量的曲目。为此他制定了三年的学习计划，给许斐平上课总是加班加点，重点培养。许斐平在11岁时就能弹奏肖邦24首练习曲及其他乐曲，范继森在许斐平身上倾注了全部的心血。

三、大中小一条龙——为了要使上海音乐学院的大学本科、附中、附小的钢琴教学具有连贯性，范继森亲自在附小、附中选了几位学生，带领教研组成员进行教学。根据学生的发展，制定长期的教学计划，倡导了大中小一条龙的教学体制。这样做不但有利于人才的培养，对青年教师掌握不同阶段的教材和教学方面也有很大的帮助。

四、四大教研组——范继森重视业务带头人的作用。在钢琴系形成了以李翠贞、吴乐懿、李嘉禄、范继森为首的四大教研组，每个教研组以教授为中心，配备讲师、助教，教学上英、法、美、俄不同流派并存，汲取上世纪五、六十年代前苏联学派的经验，博采众长，百花齐放。各教研组之间互相交流，互相切磋，学术气氛浓厚，教学质量普遍提高，构成钢琴系强大的实力。

范继森善于团结全系教师，调动教师的积极性，组织有经验的教师（如廖乃雄等人）举办讲座，开展科研学术活动。他提倡青年教师加强艺术实践，提高演奏水平，定期举行助教音乐会。范继森重视教材建设，举办中国钢琴作品比赛和音乐会,推广作曲系师生的新作品,介绍采用当时还不为人知的前苏联作曲家卡巴列夫斯基、肖斯塔科维奇等人的优秀钢琴曲。

范继森三十多年的辛勤耕耘,硕果累累。他的学生遍布国内外,培养了一大批优秀的钢琴家和钢琴教育家,他们都在各自的岗位上发挥作用。其中有王羽(上海音乐学院教授、附中前副校长)、洪腾(1961 年罗马尼亚第三届乔治·埃涅斯库国际钢琴比赛第三名)、李其芳(中央音乐学院教授、原钢琴系副系主任,曾获 1962 年芬兰赫尔辛基第八届世界青年与学生和平友谊联欢节钢琴银质奖,1964 年罗马尼亚第三届乔治·埃涅斯库国际钢琴比赛第六名)、杨立青(上海音乐学院教授、现任院长)、许斐平(曾获 1983 年第四届鲁宾斯坦国际钢琴比赛金奖、1984 年洛马·奥赛亚国际钢琴比赛第四名)等等。

范继森的长子兼学生范大雷,生前曾在上海音乐学院附中钢琴科任教,成绩斐然,先后培养了孔祥东(曾获 1986 年莫斯科柴科夫斯基国际钢琴比赛第七名,1987 年西班牙洛玛·奥赛亚国际钢琴比赛第四名,1988 年美国第九届吉娜·巴乔尔国际钢琴比赛第一名,1992 年第五届悉尼国际钢琴比赛第一名)、周挺(曾获 1990 年日本园田高宏第六届国际钢琴比赛第一名,1991 年美国斯特拉文斯基国际钢琴比赛第一名,1992 年全国青少年首届钢琴比赛第一名)等青年钢琴家。

范继森在教学、演出之余还进行创作。1943 年他为田汉的词谱写了一首独唱歌曲《安眠吧,勇士》,1947 年范继森应征香港文华电影公司影片《文天祥》征选主题歌《正气歌》,他的作品获大奖。范继森把古曲《满江红》改编为钢琴曲,还为《满江红》歌曲配伴奏。

"文化大革命"中,范继森受到残酷的迫害,他身患重病,仍被强迫劳动,屡遭毒打。在一次大会上头被打破,鲜血直流,甚至在他病危的时候,还把他从医院拉去批斗,不幸于 1968 年 3 月 1 日含冤而死,终年 51 岁。1978年得到了平反昭雪。

范继森为我国钢琴事业作出了重大贡献,他的名字和业绩将永载中国音乐史册!

(葛蔚英协助整理)

忆范继森同志

李 凌

　　我是 1939 年冬天和范继森同志认识的。那时他正在国民党中央训练团音乐干训班当音乐教官。我离开延安鲁艺时,杜矢甲同志写了一封信介绍我去找他。老杜说:"老范是我很知心的朋友,思想上要求进步。你不要担心,有什么困难需要他帮忙,都可以直接向他提出。"因此我找他时,没有因为他是音干班的教官而有所顾忌。他见了我非常高兴,问了一些老杜和鲁艺的音乐教学情况。他非常羡慕鲁艺的教学工作,他说,那里可以自由地把自己的一切贡献给抗战事业,而这里(音干班)则是另一个天地。他说,他不会在这里待得很久的。

我详尽地讲了我们的设想,如怎样通过《新音乐》月刊作为桥梁,联系各地新音乐工作干部,展开抗日救国运动等等,并希望他能为刊物写文章。他说:"别的什么我都可以答应,但我从来未写过文章。"他希望以后给他一些他力所能及的教学或演出工作做做。这样我们就做了朋友。

后来,陶行知先生创办了育才学校,其中有音乐组。这个学校是在周总理的关心下设立的。那里的文学组、戏剧组……的负责人,都是地下党员或进步的同志。贺绿汀同志辞去了音干班的教官,也到那里担任音乐组的主任。范继森同志被请去任钢琴教师。育才学校的孩子大多是无父无母或者失散父母的孤儿,范继森同志非常耐心地培养这些孩子们,像小提琴家杨秉荪、作曲家杜鸣心、指挥家陈贻鑫等人的成长都是与他的启蒙和打基础的工作分不开的。

我和范继森同志经常通信。当周总理向我提出:你们要分出一些力量来做音乐界的上层统战工作。许多音乐专家也是主张团结抗日的,你们要关心他们,人手越多越好,在这方面不能关门。要有一些有才艺的专家关心支持你们的事业,工作开展就会快一些,影响就会大一些。我们研究后,把黎国荃、范继森等四个朋友的情况向周总理的秘书张颖同志汇报,并请她也关心这些朋友。

1941 年,由于皖南事变的原因,我流亡到南洋去了。后来,听说周总理亲自约见他们四个人,并给他们予很大的鼓励。

1943 年春,我回到重庆担任育才音乐组的主任。范继森同志一直孜孜不倦地为这批穷孩子教学,有的孩子已能登台表演,为抗日及争取民主而服务了。

他那时已在青木关的国立音乐院分院当教授。这个分院的一部分学生和国立音乐院的"山歌社"都是左派学生,他们积极参加当时的学生运动。范继森同志对当时进步的学生运动给予很大的关心。我曾专程到分院去看过他,和他谈到党对当前抗日民主运动的路线、政策,也希望他多多关心同学的工作。

1946 年初,他已随国立音专到上海。那时我们正和陶行知先生筹办上海夜大学,准备以此为基地展开社会青年的革命运动。他被约请为夜大学的教员。后来陶先生突然病逝,我们就把音乐系独立起来,成立中华星期学校。他和马思琚等同志愉快地担任了这个学校的教员。

这时候,全国已经掀起了一个反内战、反迫害的学潮,他在这个运动中做了许多工作,还写过反内战的歌曲。

当时的上海音专校长戴粹伦,曾强迫范继森在"反共戡乱宣言"上签名,他断然拒绝了。戴粹伦知道他在校外参加一些进步朋友组织的"民族音乐问题座谈会"(是借研究民族音乐的名义宣传党的主张和思想),参加一些进步学生组织的学习会,就在全校的会上警告说:"有些音专的教师,也参加这种反动的活动。"但范继森同志无所畏惧,仍然坚持自己的正确行动。

上海解放后不久,我到上海协助筹建上海音协,他热心地团结一些教授来支持筹备工作。

范继森同志一直立场坚定,极富正义感。他拒绝参加国民党反动派的一些反动的音乐活动,以罢演来公开对抗。在解放前,他就敢于采用苏联革命时期的作品作为教材,还把日丹诺夫的关于"音乐问题"的讲话及其他观点向同学宣传。

许多朋友和音专的同学谈起范继森同志每每触起极深的怀念。许多人对于他关心穷苦的同学这一点,印象特深。男低音歌唱家李志曙同志谈到范老师的时候,感慨地说,范老师在他最困难的日子里,给予很大的帮助,使他能继续念完音专的课程。有些同学毕业后一时找不到工作(解放前是常见的现象),就在范老师家里吃饭……

在教学工作上,范继森同志兢兢业业,勤奋终生。他的学生王羽、廖乃雄及钢琴家洪腾等八个同学曾写过关于他在教学上的情况,我觉得中肯扼要:"范老师担任钢琴系主任工作,认真负责,他为了要把钢琴系办好,为社会主义祖国培养出更多更好的人才,千方百计地聘请在钢琴教学和演奏上有成就的教师来校教学,像李翠真、吴乐懿等较有才艺的教授都是他亲自从国外邀请回来的。他虚怀若谷,胸襟坦荡,一心为社会主义祖国的钢琴教育事业着想,从不考虑个人的名誉、地位,从不嫉妒别人的名誉地位超过他,与大家和睦相处,真诚团结。在学术上他一方面虚心向别的教师请教,一方面也毫不客气地向他们提出自己的意见,至今绝大多数教师对范老师的为人作风深为感动和怀念。

"范老师早年学习钢琴的条件非常艰苦,他刻苦学习,认真钻研,在钢琴演奏和教学方面,取得一定的成就。范老师在钢琴基本功训练方面积累了一套宝贵的经验,曾做过专门的学术报告。谁向他请教,他从不拒绝,毫无保留地把一切经验介绍给人家。他在教学上敢于打破迷信,勇于创造,取得了显著的成绩。解放后这十七年中,范老师为党培养了大量的钢琴人才,学生遍及全国。如国际比赛(1962年罗马尼亚举行的)获奖者洪腾,就是范老师一手培养出来的。许多外国专家对中国自己的教师能培养出这样水平的音乐人才给予很高的评价。

"范老师善于团结教师一起,为贯彻大学、中学、小学的一条龙的教学,还经常关心中小学的教学质量,并在中小学任课,工作是比较忙的,他又有高血压病,但他从不怕劳累。"

范继森同志光明磊落,意志坚强,对工作兢兢业业,勤奋终生,在解放前做了许多有益于革命的工作,解放后又为党和人民做了较大的贡献,他是努力实现周总理对他的期望的。但是"四人帮"颠倒黑白,把他打成"反革命分子"、"反党反社会主义的反动学术权威"。他多次遭到毒打,在一次大会上,头被打破,鲜血直流,许多同志不忍目睹。甚至当他病危时,还把他从医院拉回来斗。这些丧心病狂的家伙还打电话到医院说"不许给牛鬼蛇神输血",一定要把他置于死地。而在"四人帮"被粉碎后,仍然有人阻挠为他平反昭雪,可见"四人帮"的流毒的影响是很深的。虽然现在范继森等同志的沉冤已大白,但还有继续肃清"四人帮"流毒的任务。

原载《人民音乐》1979年第一期:《忆范继森、沈知白、杨嘉仁同志》
　　　(本文作者:著名音乐评论家、音乐教育家,
　　　　　　原中央乐团首任团长,
　　　　　　中国音乐学院院长、中国音乐家协会副主席,
　　　　　　中国音乐金钟奖终身荣誉勋章获得者)

悼 范 继 森

刘海皋

（一）

琴歌弦管昔同遊	鬓发星苍几十秋
名士无羁多放浪	艺人懒散自风流
不趋炎势应招咎	相照肝胆岂辞忧
苦海边头极乐土	长眠物外复何求

后排左起：晏章汉、徐嘉生、朱　琦、郭法先、陈传熙
前排左起：夏承瑜、刘海皋、谢绍曾、汪启璋

（二）

登堂高卧未能忘　　不理衣冠不整裳
老腹贪饕唯健啖　　虚怀诲导却遭殃
一生任教悲牛鬼　　百世防修颂夜郎
有日天良重树植　　何曾羞愧丧心狂

（三）

无端残暴突横来　　捉影添枝罪任栽
瘦骨争堪伏降帐　　白头底事跪琴台
提携后进终遗恨　　箠楚恩师究可哀
生又何欢死有憾　　葬身无地不须埋

（四）

三逢不识永暌离　　噩耗传闻吊客稀
莫谓苍颜皆忘义　　只缘黄口竞相欺
门墙桃李犹雠寇　　溷厕蛆蝇尽虎罴
此路黄泉多故旧　　共同安息莫迟疑

悼范继森逝世二十周年（1987 年）

寂寥生死恨凄凉　　廿载蹉跎亦自伤
远去他乡欣失马　　彷徨歧路叹亡羊
老残凋谢空惆怅　　朽木回春事渺茫
岂生余年能话旧　　梦魂惊握别沧桑

（本文作者：范继森教授生前挚友，原上海国立音专校友，已故）

继森,你永远活在我心中

徐嘉生

　　范继森先生于 1917 年 11 月 4 日出生,1968 年 3 月 1 日逝世,江苏省南京市人。

　　今年是范先生九十周年诞辰,逝世近四十周年。

　　范先生热爱音乐,他为了钢琴教育事业奋斗终生,为国家培养了大批卓有成就的钢琴家,在他的辛勤耕耘下,他的学生们也在音乐岗位上发挥作用,为我国的钢琴教育事业作出贡献。

徐嘉生与范继森

我认识范先生是在抗日战争时期。1939年底，那时我在重庆中训团音乐干部训练班学习，范先生在音干班担任钢琴教学兼任合唱伴奏。音干班的演出很多，范先生都参加，但给我印象最深的是在嘉陵宾馆为招待宋美龄演出的那次。范先生因反对出堂会而罢演。在国民党统治下，范先生为了维护音乐艺术的尊严，不屈服于恶势力而拒绝演出，使我感到敬佩。他的人品高尚，是一个富有正义感的音乐家。

范先生在重庆时，参加演出十分频繁，他与著名歌唱家斯义桂、小提琴家戴粹伦合作，多次巡回演出。他参加重奏、独奏、伴奏，经常出现在音乐会舞台上。他对音乐全身心的投入，严谨而精湛的演奏，使我完全融入在他的音乐里。

1943年初，重庆国泰大戏院上演话剧《安魂曲》，在重庆引起了轰动。剧中主人公是世界著名音乐家莫扎特，参加演出的是我国电影界的名演员，由著名导演张骏祥先生执导。扮演莫扎特的是我国著名戏剧文学家曹禺先生，扮演女主角歌剧演员的是张瑞芳女士。范继森先生被邀请协助演出，弹奏莫扎特钢琴奏鸣曲。当剧中人莫扎特在舞台上弹琴时，范先生在舞台侧面配合弹奏。我和另一位音干班的女同学有幸也被邀请协助演出。我们两人轮流为张瑞芳配音演唱。当张瑞芳在舞台上开口歌唱时，我们在幕后演唱歌剧《费加罗的婚礼》中苏珊娜的咏叹调。美妙的音乐为话剧增添了光彩，使观众听了如痴如迷，话剧演出达半个月之久。这是我与范先生的第一次合作，他为我伴奏。

音干班办学三年，结束后由教育部接管，成立了国立音乐院分院。音干班全体师生并入了分院。我在音干班主修声乐，跟洪达琦老师学了三年。在国立音乐院分院，声乐老师是斯义桂先生，我跟他学了两年。1945年我在国立音乐院分院毕业，我的毕业音乐会是请范先生担任伴奏的。

1950年我在湖南音专声乐系工作，由于湖南音专合并到武汉中南文艺学院，我便随学校到了武汉。1951年范先生到武汉来招生，我们又相遇了。他要我调到上海工作，和他一块生活，我同意了。1952年我到上海和他登记结婚，后到太湖度蜜月。

继森为人豪爽，待人热情，他对朋友、学生非常真诚，大家在一块有说有笑,毫无拘束。我们家里常有学生上课,他总是严格要求耐心教导。由于学校在郊区,交通不便,钢琴系的一些会议及教研组的活动也常安排在家里进行,学术研究气氛浓厚。继森虽不富有,但他对经济困难的学生常给予资助,他的母亲是一位慈祥的老人,心地善良,家中常有两位生活困难的学生来吃饭,她总是热情招待,从不嫌弃,继森十分孝敬母亲,我们的家庭充满了温馨。

我刚调到上音工作时学校已经开学,声乐系学生不多,没有给我分配学生,继森对我说:"你拿国家的工资不能不干事,现在王羽要去教合唱课,他的视唱练耳课没有人代,你就去教吧。"我当然不能闲着,就去代课了。我教的两班是少年班(由行知学校并到上音附中)。继森告诉我,在抗战八年期间,他曾在陶行知先生办的育才学校音乐组义务教学。育才学校离重庆市区很远,他一个人要给二十几位学生上钢琴课,为了要给孩子们打好音乐基础,他主动给孩子们上视唱练耳课,加强音乐基础训练。他虽然没学过小提琴,但也给小提琴学生上辅导课。他认为他曾与许多小提琴家合作过,可以在音准、节拍、节奏以及乐曲风格方面帮助学生,从这些方面尽自己的力。我听了他的话后,心里很感动,他真是无私奉献,是我学习的楷模! ——由于视唱练耳课师资短缺,学校从钢琴系调来几位教师还不能解决教学的需要,我被安排担任声乐系的视唱练耳课。为了服从教学需要,我教了将近三十年的视唱练耳课,直到1980年后才回声乐系教声乐。

继森自1945年起把主要精力集中在教学上。他对钢琴教学十分认真,在教学方法上不断探索、钻研,在教材方面引用我国的新创作,还探索外国的新作品。他因材施教,根据学生的具体情况拟定每个人的教学计划。记得许斐平9岁时进入上音附小,因为他乐感好,接受音乐能力强,而且手大,伸张自如,是一个天赋高的幼苗。为了让许斐平早日成才,继森决定在他12岁之前给他打下牢固的基础,掌握一定数量的钢琴曲目。为此继森给他拟定教学计划,在三年内抓紧手指基本功训练,学习24首肖邦练习曲、巴赫的"法国组曲"、"英国组曲"、十二平均律,海顿、莫扎特和贝多芬的奏鸣曲,肖邦等作曲家的作品,还有若干首中国作品及钢琴协奏曲。三年的时间是短暂的,要学会这么多乐曲,对一个孩子来说,可不是容易的事。但是许斐平是个天才儿童,他十分认真地投入,按时完成计划,而且质量能达到要求。许斐平11岁在上音附小毕业,考试曲目是巴赫《意大利协奏曲》、莫扎特《A大调协奏曲》和肖邦《第二钢琴协奏曲》,考试成绩优异。许斐平在进附小第二年就开始参加校内外的音乐演出,12岁他升入上音附中并与上海交响乐团合作,演奏莫扎特和肖邦钢琴协奏曲,受到听众的好评。比利时伊丽莎白皇太后听了许斐平的演奏十分欣赏,曾邀请他参加布鲁塞尔国际钢琴比赛。

1951年继森任钢琴系副主任(1955年任钢琴系主任)。他善于团结具有不同学术观点和不同学派的教师,重视业务带头人的作用。在他的带领下,钢琴系成立了以四大教授为中心的教研组(李翠贞教研组、吴乐懿教研组、李嘉禄教研组、范继森教研组),充分发挥每个教研组的特长,组织钢琴系青年教师加强艺术实践,提高业务水平。

继森多年来为我国培养了大批优秀的钢琴家和钢琴教育家,其中有洪腾(著名钢琴家,曾获1961年罗马尼亚第二届乔治·埃涅斯库国际钢琴比赛第三名),许斐平(1983年第四届鲁宾斯坦国际钢琴比赛金质奖、1984年第八届洛马·奥赛亚国际比赛第四名),李其芳(中央音乐学院教授、钢琴系副系主任。1962年芬兰赫尔辛基第八届世界青年与学生和平友谊联欢节银质奖、1964年罗马尼亚第三届乔治·埃涅斯库国际钢琴比赛第六名),王羽(上海音乐学院附中原副校长),廖乃雄(上海音乐学院教授、音乐研究所原所长),杨立青(上海音乐院教授、现任院长)。

继森除了参加钢琴演奏与教学之外,还搞过创作。他曾为田汉的词《安眠吧,勇士》谱写了歌曲,这首歌曲在抗日战争时期受到广大听众的喜爱。1947年7月,香港文华电影公司为电影《文天祥》征选主题音乐《正气歌》,继森参加应征。他的作品被选中,获得了大奖。上世纪50年代,歌唱家蔡绍序请继森为《满江红》古曲写伴奏,他写的伴奏气势宏伟,充满激情。继森曾把《满江红》改编成一首钢琴曲,有些学生弹过,可惜这份乐谱已经遗失。

1966年继森因病住长海医院,拍片检查时发现肝上长了一个大肿瘤,经名医吴孟超医生手术切除,情况良好。但回家休养不久,"文化大革命"

就开始了。这场运动来势凶猛,"造反有理"席卷全国,红卫兵大串联,到处都在抄家,破四旧,我们家也被红卫兵抄了。上音校内到处贴满"批判资产阶级反动路线"的大字报。贺绿汀院长是被批判的首要人物,钢琴系范继森成了第二号被批对象。他才动过大手术不久,身体还很虚弱,由于形势所迫,只得到校参加运动。他被扣上"反党反社会主义的反动学术权威"、"走资本主义道路的反革命分子"、"崇洋媚外"等莫须有的罪名,划为敌我矛盾,被关进牛棚。在这倒行逆施、人妖颠倒的日子里,竟然有人把"不让工农子弟上学"的罪名,强加在继森头上,把他拉到全市批斗。1968年初,继森病危住进公费医院,这些丧心病狂的暴徒,还不肯放过他,使他受尽折磨含冤而死。

继森的去世使我悲痛万分。最近我才知道,他在运动中多次遭毒打,甚至被打出血来,受尽了侮辱。想到"文革"时,他回到家里怕我伤心,从不告诉我,就更加使我难过。继森为人正直光明磊落,热爱祖国,他为我国钢琴教育事业作出了贡献。他是我心中最敬爱的人,他永远活在我心中。如今,他离开我们将近四十年了,在这些年来,我国的钢琴教育事业蓬勃发展,人才不断涌现,他的学生和后辈都在音乐岗位上作出贡献,我想他在九泉之下一定会感到欣慰。

安息吧!亲爱的继森!

2007年3月于上海

(本文作者:上海音乐学院声乐系副教授,范继森先生的夫人)

追念范继森先生

——范先生诞辰九十周年祭

桑　桐

今年是范继森教授诞辰九十周年纪念,离他故世亦已将四十年,回想往事,令人不胜感叹! 他于困难的时期、阴暗的日子中去世,根本不会想到后来的变化,也无法想到现在的发展,他带着遗憾而魂归九天。我们这些活着的人,仍为他在壮年时期含冤早逝而感到万分痛惜。他一生奉献于音乐事业,投身于钢琴教育,刻苦认真,钻研思考,教学严格,爱才爱生,思想活跃,追求进步。解放前,他积极支持学生运动,上海刚解放时,他是上海音乐界知名人士迎接解放上海宣言上的签名者之一。他是一位正直、正义、爱国的高级知识分子。

我在1946年抗战胜利后认识范继森先生,虽然范先生为钢琴系教师,我是作曲系学生,但由于范先生喜欢与学生来往,常到我们宿舍聊天谈乐,我们也乐于听他发表各种见解,讲各种笑话、故事,所以全校学生都与范先生很熟,说他是那时唯一与学生亲密无间的老师,亦不为过。因为他亦喜欢

作曲,所以除了钢琴系学生外,与我们作曲系的学生接触较多,亦较相熟,直至 1966 年一起在"牛棚"挖草劳动。前后二十年亦师亦友的情谊,在他九十诞辰纪念的时刻,应当谈谈我所知道的范先生的一些事迹和感想,既作为对范先生的追念,又可供后来者了解。

一、尽心策划 创新发展

上海音乐学院的钢琴专业,历来师资力量雄厚,生源丰富,人才辈出,是最早为国家、为上海、为上音获得荣誉的专业之一。追根寻源,应归功于上海国立音专初创时期的"钢琴组"在培养我国最早一批钢琴人才方面的作用。当时的钢琴组是全校人数最多、力量极为雄厚的一个专业,据国立音专成立五周年(1932 年)特刊的统计,当时各类学生总数为 125 人,其中钢琴组学生 63 人,占全校人数的一半。专任钢琴教师 4 人(均为俄罗斯人),另有兼任教员 4 人,亦为专业教师中人数最多者。这些钢琴教师可称为上音钢琴专业的祖师爷(婆)们,而查哈罗夫是其中资格最老、造诣最深的一位,来中国之前已在彼得堡国立音乐院任教七年,他是钢琴组的主任,教学成绩优异,应当是上音钢琴专业祖师爷的代表人物,功不可没。他培养了不少优秀钢琴人才,如裘复生、李献敏、李翠贞、丁善德、吴乐懿等等。范继森先生即为 1935 年入学的他的门生之一。抗战爆发,范先生即投入社会艺术实践,广泛地从事演奏与教学活动,从而提高了技艺,积累了经验。他作为钢琴教育家,为上音钢琴专业的发展作出了重要贡献。他除了自己培养出许多优秀钢琴人才外,尚从 1951 年起任钢琴系副系主任,1953 年任系主任(代),1955 年任系主任等职,发挥了领导和组织钢琴专业教学的作用。成立了以钢琴系四大教授(李翠贞、吴乐懿、李嘉禄、范继森)为中心的教研组(按照现在流行的说法可称为"四大天王组合",一笑),充分发挥各老教师的门派、经验和艺能,各展所长,合力振兴。并提倡青年教师加强艺术实践,提高音乐水平,例如我院《大事记》即记载着 1956 年 5 月 15 日"钢琴系为提高青年教师业务水平,举行第一次助教音乐会,王羽、叶惠芳、谭露茜、朱雅青等参加演出。"他们都是钢琴系青年教师中的佼佼者,以后,他(她)们通过教学与艺术实践,都成为名师或演奏家。

当时,附中、附小都有独立的专业学科,钢琴学科亦是人才济济,有不少经验丰富的教师任教,也培养了许多优秀的青少年人才。范先生在这一教学制度的基础上,创造性地实施了从小学、中学、大学同一教师连贯教学的方式,他在附小带教了他亲自从厦门选拔的许斐平,在附中带教了杨立青等学生,开始了大学教师带教中小学生的教学方式。这是一种创造性的方法,有成功之处,也可能有某些局限或缺陷,需要根据师资的条件、学生的情况而定。这种方式是范先生首先实施的,可以看到他在音乐教育方法上的探索精神和实施勇气。正是这种精神和勇气,使他充分发挥了一个钢琴教育家的作用,既培养了优秀的钢琴音乐人才,又提高了钢琴系的整体力量。只可惜天不假年,未能在改革开放的年代更进一步地发挥他的作用。

二、"范丹诺夫"

范继森先生是属于表演专业教师中较少的、兴趣广泛、喜欢阅读、对一些文艺思想问题乐于探讨并有自己想法的人。1948 年,苏联开展了批判音乐中世界主义、形式主义的运动,苏共书记日丹诺夫代表苏共中央作了长篇报告,解放后我国翻译发行了这份报告。范先生精心阅读,熟记脑中,背诵如流,经常在会议上及平常闲谈中,大段地引用日丹诺夫的话。大概是男低音歌唱家李志曙最先戏称他为"范丹诺夫",我们这些与他较熟的青年教师在谈起有关音乐方面的问题时,也都戏称他为范丹诺夫。但他引用的日丹诺夫的话,并非是批判形式主义的话,因为当时我们国内,除了我在 1947 年写的两首无调性作品,曾被批评为"形式主义",以及我在 1954 年写的三首序曲,演出后征求他意见时,他说"已经到了形式主义的边缘了"外,尚无其他达到这种现代手法的作品。所以范先生引用日丹诺夫讲话所针对的是国内那种"左"的音乐观点,那些批判古典音乐是资产阶级音乐的观点。他引用的是日丹诺夫报告中赞扬古典音乐的话,例如日丹诺夫报告中称巴莱斯屈利那和巴赫音乐中的美是永恒的,"时间是无能为力的"。这段话经常为范先生所引用,以说明音乐的美不受历史条件变化的影响。当时,人家是

"老大哥",是我们的典范,他们讲的都是合乎马列主义的。所以范先生就以这些话来针对当时音乐界的左倾观点,人家也无法反驳。但到后来,他们被称为"修"字号,日丹诺夫这些话也成为批判的对象,我们能演奏的音乐也所剩无几时,"范丹诺夫"的大名亦烟消云散了。

范先生关心音乐界的思想斗争,并不止于仅仅获得"范丹诺夫"的称号,当贺绿汀院长的《论音乐的创作与批评》遭到批评时,范先生亦出席上海音乐界的座谈会,发言反对那些批评的论点。这些都说明范先生并不只是埋头于钢琴教学,对于那些和国家音乐事业密切相关的音乐思想,也是密切关注,积极投入,发表自己的观点。

三、几件轶事

范继森先生在教室中是严格的教师,在球场上是活跃的健儿,待人处事是平易近人的朋友,生活中是喜欢谈天说地的"话匣子",在胸中则是一颗富于正义与同情、正直与勇气的心。我们这些原在上海的同学,听说他在重庆时拒绝为"委员长"吃饭时演奏的故事,都非常钦佩,而且也听说当时学校某领导批评他不肯去演奏时说:"委员长上厕所时要我去拉琴我也去"时,都深为不齿而更钦佩范先生的正直与勇气。我与范先生也是在探讨音乐与谈天说地中相熟起来的,听他讲过当时重庆音乐界的故事与笑谈。解放后,我们更是篮球场上的队友,乒乓桌旁的对手。他对作曲系的创作演出活动亦很有兴趣。下面介绍他的几件轶事。

1. 歌曲《正气歌》获奖之喜

1947年,香港一个电影公司要拍摄文天祥的历史故事片,在内地报上刊登征求为文天祥的《正气歌》谱写歌曲作为电影主题歌的广告,中选者有重奖。谭小麟先生、范继森先生均写歌应征。谭先生去应征,我们知道,但未知歌谱。范先生去应征,保守秘密,我们不知。后来报上登出范先生的《正气歌》中选获奖,同学们都要他请客庆祝,他一口答应。1947年的初夏,他从市区买回了几麻袋糖果点心,在江湾校舍二楼图书馆阅览室和走廊中拼起了桌子,摆满了糖果点心,热闹了一番。当时可能还演唱了这首歌,但我已记不清了。后来谭先生拿出了他所写的《正气歌》独唱谱(既未中选,版权即为自己所有),李志曙曾演唱过。两者各有千秋,谭先生的《正气歌》,在作曲手法等方面,更富细致的艺术处理,而其音乐的性格则具有士大夫的气质。范先生的《正气歌》则属于大众性的风格,更易令人理解,更符合电影的需要。我想这可能是范先生的《正气歌》能中选的原因之一吧。

2.土改时半夜押解土匪

1951年10月下旬,我院赴安徽濉溪县参加土改,是一个大队。我担任其中一个中队的中队长,我们这个中队被分配在濉溪县的雷山乡参加土改,我还挂上雷山乡乡长之职。当时丁善德(他是土改大队副大队长)、杨嘉仁、陈又新、范继森等几位大教授因与我较熟,所以都安排在我的中队,我们这个中队又分成几个小队,分到各村去进行土改工作。范先生就安排在我乡政府所在村的小队,与我在一起。有一天晚上,当地民兵告知有本村外逃土匪潜回家中,当地的土改队长(另一个区的政委,实际管事的)命民兵把他们两个抓到乡政府来,问清情况后,让我发令把他们抓起来连夜押往县里。那个区政委还问我们队中有没有人愿意一起押送,范先生立即应声:"我去!"区政委又说这一路去都是山路不好走。范先生又坚定地说:"不要紧!",区政委就让民兵给了他一杆步枪背着,我给了他一个手电筒,就和一个民兵一起押着土匪上路。我们直等到他安全归来,平安无事,才回房休息。事后他对我讲,"真要路上出事,这杆枪怎么用我都不懂。"土改后回到学校,范先生半夜押解土匪的故事,在学校广泛传播,大家都很感兴趣和钦佩。土改是一场壮阔的社会大改革,对我们这些大大小小的知识分子来说,确实是一次从未经历过的社会历史变革和土地革命的教育,虽然与我们的业务无关,但与我们的人生观、思想立场却有密切关系,范先生在押解土匪这一事件上所表现出来的不怕坚苦、主动承担任务、敢于去闯的精神,与他在音乐教育事业上艰苦认真、尽心竭力、探索发展精神完全是一致的。因此,希望不要把它仅仅作为一个押解土匪的故事看待,因为一个高级知识分子,背着一支自己不会使用的枪,像一个民兵那样押解土匪的事,在那一场大规模的土改运动中也不会是很多的,所以也是一件很有意义的事。

3. 最早选用苏联作曲家的作品为教材

在钢琴系弹奏的曲目单中,俄罗斯作曲家如柴科夫斯基、拉赫玛尼诺夫等的作品,都是必弹的保留曲目。但苏联作曲家的作品,在解放前钢琴系的学习曲目中,原来是没有的,这些曲目是范先生首先采用的。他所用的作品是卡巴列夫斯基的小奏鸣曲,这在我们这些作曲系的学生中,亦都引起了很大的兴趣,因为我们从中听到了新的音乐语言和情趣,这也说明了范先生音乐情趣的广泛和不断求新的精神。1951 年,卡巴列夫斯基访问我院时,贺绿汀院长专门介绍范先生与他见面,说范先生是第一个在我院介绍他作品的教授,卡巴列夫斯基非常高兴地与范先生握手。

4.《东蒙民歌主题钢琴小曲七首》的首推者

我在 1953 年根据几首东蒙民歌创作钢琴套曲《东蒙民歌主题钢琴小曲七首》,在作曲系的教师中弹过,也与几位作曲系的同学弹过,小曾弹给范先生听过。在"哀思"一曲中,范先生还提了一个很重要的修改意见,我接受了他的意见,作了修改。1954 年,学校迁至漕河泾后,一天,范先生对我说,让我抄份东蒙民歌给他,让谭露茜弹,作为她毕业演奏会的曲目,因此,东蒙民歌七首就是由范先生首推给他的学生谭露茜首演的。第一张唱片(快转)也是由谭露茜录制的。以后在 1956 年出版乐谱时,才由出版社改名为《内蒙古民歌主题钢琴小曲七首》。

这里所附的一张照片是1951 年初冬,在皖北濉溪县雷山乡参加土改时,同我一个队中

1951 年初冬在皖北濉溪县雷山乡参加土改
后排左起:陈又新、范继森、杨嘉仁
前排左起:桑桐、丁善德

的几位教师的合影,这是在一次会后,会场的大门口照的。后排中立者为范继森先生,其右为杨嘉仁先生,左为陈又新先生,前排右为丁善德先生,下蹲者即为我。大家都面露笑容,可谁能想到在这样和谐的景象中,隔了十余年,后排三位教授都于"文革"中含冤而逝。丁善德先生亦已去世十年了,只有我尚在人世。所以,这是很有历史意义的一帧照片,附在这里,作为难以忘却的纪念。

　　范继森先生是新中国成立后振兴上海音乐学院音乐教育事业的功臣之一。查哈罗夫是国立音专钢琴专业的祖师爷,代有传人,他的门生李翠贞、范继森、吴乐懿都先后担任过钢琴系的主任,真可称之为"钢琴祖师爷,代代有传人"。范继森先生是建立国立音专以来的第四位钢琴系主任,他不仅自己培养了众多优秀钢琴人才,而且代代相传,自己也已成为祖师爷之一。他还承担了团结全系教师,扩大、提高、发展钢琴教育事业的责任。做了不少与他的名字关联的事,提到这些事,人们就会想到范继森先生。范先生故世已将四十年,他的下一代传人中,也已有少数因病、因年龄、或其他原因而离开了历史舞台的人。但钢琴事业还是不断在发展,不断有新人涌现。长江后浪推前浪,江山代有才人出。范先生在天之灵,也一定为此而深感高兴和安慰。我们今天纪念范先生诞辰九十周年,一方面是表示对范先生一生功绩和师德风范的缅怀和崇敬,一方面也是重温前辈的艰苦努力、认真负责、真诚奉献的敬业精神,这种精神才是音乐教育事业,或许也是所有事业中最重要的精神,也是最可贵的精神!

　　深切纪念范继森先生九十诞辰!

　　范继森先生的可贵精神永垂不朽!

2007 年 2 月 28 日

(本文作者:原上海音乐学院院长,作曲系教授,

中国音乐金钟奖终身荣誉勋章获得者)

我心目中的恩师

——纪念范继森先生

杨立青

　　不知道是不是范继森先生所有的学生都有这样的感受，但至少是我，无论何时，每当人们提及他的名字，总会从心底里泛上一丝不自觉的骄傲，并大声地宣称："我曾经是范先生门下的弟子……"

　　在但闻其名、未识其人的那段时间里（我还在世界小学上学），范继森先生几乎可以说是我心目中的一个"神话"。当时，学琴还不久的我，只听

过我父亲在家弹奏《月光奏鸣曲》和《革命练习曲》。在我不晓世事的心灵中，我的父亲是和我最崇拜的贝多芬差不多一样伟大的音乐家。然而，甚至连我父亲在讲到他的知交"范先生"时，也总是带着一种那么钦佩、赞羡的神情，这就有点儿让人"匪夷所思"了。如果这位"范先生"不是特别了不起，又怎么会让我的父亲也这般折服？当我父亲给我讲述国立音专的陈年往事，说到在庐山，蒋介石的部属命令音乐家们为"委员长"进餐弹琴助兴，而天性清高、生就一副傲骨的范继森先生却公然抗命，拂袖而去，最后被军

统特务抓去"关了禁闭"时,这位不畏权势、连国民党的"总统"都敢当面顶撞的音乐家在我心目中的地位就变得益发高大了。我仿佛觉得:他就像历史书上的荆轲和我在连环画中读到的黄继光、邱少云一样,是一位无所畏惧的"壮士"。而在我父亲讲述的故事中,作为一位音乐家的范继森先生,身上也始终散发着一种神奇的气息:他禀赋奇高,悟性极强,虽从来不曾留洋,钢琴却教得比许多"洋专家"还要好,他有好多好多的"锦囊妙计",让班上的学生进步神速,还"征战"海内外,为中国、为上海音乐学院争得了许许多多的荣誉……跟这样一位带有传奇色彩的范先生学琴,自然会成为如我这般刚刚走上音乐之路的孩子的第一个天真的梦想。

当我的梦想变成现实,当真有幸拜到范继森先生门下之后(那是1956～1958年,我在上音附中初二～初三学习时的事情),我心目中的传奇人物,成为了就生活在身边的令人敬畏的严师。现在想来,当初我在范先生的班上,一定是一只不折不扣的"丑小鸭"。记得那时,范先生班上,在大学部有着钟慧、李其芳、洪腾(后来还有林玲)这些已经能够以青年钢琴家相称的高材生,在附中高中部有着尤大淳、乐仁道这些让我难以望其项背的大师兄,在初建不久的附小,还有着许斐平这样才气横溢的神童,而我是当时范先生在初中部所教的唯一的学生。但是,就像一个懵懵懂懂的"傻小子",我完全不明白自己交上了何等的好运,一生中遇上这样的名师该有多么的不易,而仍是整天价地迷恋于读福尔摩斯探案,在漕河泾的河浜里捕蝌蚪、抓螃蟹、偷闲躲懒,疏于练琴。至今我仍还记得,多少次,当我挟着没怎么好好弹过的琴谱,怯生生地到范先生铜仁路的寓所还课时,望着他严厉而又失望的眼神,心里生出的愧疚和自责……当然,多亏有范先生指导练琴的整套"锦囊妙计",随着时间的推移,到了上初三的那一年,我的手指"突然"能够在琴键上飞快地跑动起来了。顿时,我这个素来以不用功著称的调皮学生,变得神气活现起来。弹得又快又响,成了我那时在同学们面前炫耀技巧的"本钱"。可一次还课时(记得是弹肖邦的《F大调练习曲》),正为自己的"能干"而洋洋自得的我,突然被先生轻轻拍着肩膀打断。他的声音并不大,但语调却是那样严峻:"请不要虐待钢琴"……可以想象,这样尖锐的批评,会让任何人都感到"刺痛",更何况一个"少不更事"的少年(记得回家后,我在自己的日记里记下了极其懊丧的一笔)。然而,也正是从这一刻起,我突然"长大"了。它让我第一次学会去思考:音乐的灵魂究竟何在……终于,到了初三的毕业考试,那一套由范先生一个一个音"抠"出来的曲目至今让我记忆犹新:肖邦的《升 c 小调练习曲》、李斯特的《匈牙利狂想曲》第十一号,贺绿汀的《摇篮曲》和巴赫的《前奏曲与赋格》。那一年,我拿到了毕业班上最好的分数。考试后的当晚,郭法先老师还兴冲冲地来到我家,向我父亲祝贺:"杨立青终于冒出来了!"在那一刻,我心中充溢着的快乐和对恩师的感激,绝不是用言语可以形容的。而且,可以毫不夸张地说,虽然我师从范继森先生仅有这短短的两年时光,还远远无法全面领会他的教学艺术的博大精深,而且,最后,由于种种的历史原因,我转而学习作曲,没能有机会再去圆我幼年时想当"一流钢琴家"的理想,并以此回报师恩,但仅就是这两年里范先生留给我的这点"功底",却从此成了我的"立世之本",而且,历时弥久,体会愈深,使我终身受益。

也许是"命运"的捉弄,从初中毕业后不久,我就随父母亲一起,转到了沈阳音乐学院。打那之后,我再没有机会求教于范先生——虽然,我还一直做着返回上海、继续当他学生的梦。

当我惊悉范继森先生在"文革"中惨遭迫害不幸去世的噩耗时(那是我在沈阳音乐学院作曲系就读的动荡年代),它成了我心目中的一种永远不会痊愈的伤痛。听到这个消息时,我落下了自父亲去世后的第一滴眼泪。这不仅仅是因为,像这样一位为人耿直不阿、热爱艺术教育事业、为国家作出了巨大贡献的艺术家,理应不该遭到如此不公平、甚至可以说是过于严酷的惨遇,而且,还因为,已经不再那么幼稚无知的我,虽然已经初谙音乐的入门之道,逐渐体会到了当年于蒙昧的状态中从范先生那里本能地接受到的教益,却永远没有机会再进一步向先生细细讨教钢琴演奏的"玄机",求索音乐艺术的本质,并当面向先生表达我心中充满着的感激之情和回报之意,以尽一个学生应有的心愿了。这一切,竟然都成了不可挽回的历史,成了一场烟消云散的噩梦,成了无可补赎的遗憾,怎不令人悲从心来,怆然涕下……

今天,在我心目中,范继森先生是一个永远不会磨灭的纪念。就像镌刻在上海音乐学院八十年光辉历史上的许多其他杰出前辈的名字一样，范继森先生，将永久地活在我们后人的心中。他的学生，如今已遍布全球，他(她)们以自己的演奏和教学，实践着他的艺术理想，使他的教育理念得以继续发扬光大。他所创立的钢琴教学体系，以及他为学校的发展、成长所作出的无私奉献，已成为今天上海音乐学院莘莘学子宝贵的学术遗产，成为鼓励我们加倍努力地建设学校的精神力量，以使上海音乐学院能够在新的历史条件下再现辉煌，实现"办一流音乐教育，创国际先进水平"的最终目标。

　　　　　　　　　　　2007 年 4 月 14 日　深夜，于上海
　　　　(本文作者：上海音乐学院院长，作曲家、教授、博导，
　　　　中国音协理事暨教育委员会主任，
　　　　上海音协副主席)

缅怀范继森先生的崇高人格

李名强

我进上海音乐学院是因为范继森先生的推荐。1954 年起我在俞便民先生处学琴。俞先生定期在家里举行学生演奏会。范继森先生和张隽伟先生曾多次来听，并给我很大鼓励。后来经过范先生的推荐，又认识了谭抒真副院长和管弦系主任陈又新先生。那时管弦系正要新设立艺术指导的职位，我就被聘为艺术指导，于 1956 年 9 月起进上海音乐学院管弦系工作，1960 年以后转到钢琴系教学。

范先生为人正直，不搞宗派小圈子，爱才若渴，我虽不是他的学生，开始也不在钢琴系工作，但他一再对我照顾有加。我 1956 年进校，即参加了全国第一届音乐周的演出。1957 年 5 月又让我参加了捷克斯洛伐克布拉格之春第三届斯美塔纳国际钢琴比赛，同年 9 月又把上海音乐学院唯一的名额给我，到中央音乐学院苏联专家克拉夫琴柯班上进修。这些对我后来的发展都起到了决定性的作用。

当时大家都知道他把学生许斐平几乎当成儿子一样，让他住在家里，吃在家里，夜以继日地给他上课，许斐平才得以在短期内取得很大进步。可惜许斐平英年早逝，不然他定有更多范先生的感人事迹可以告诉我们。

范先生心胸坦荡，没有野心。他不搞阴谋诡计，不搞小动作，不拉帮结派。他热爱事业，精益求精，忠于职守（当时他是钢琴系主任），能团结人。他团结当时系里"四大教授"（李翠贞、吴乐懿、李嘉禄加上他自己），把钢琴系搞得有声有色。可以说在他的带领下，当时是上海音乐学院钢琴系的黄金时代,成绩斐然,人才辈出。另外也应该提到,他和当时的支部书记李文蕙先生合作融洽,可惜"文化大革命"中被诬蔑为资产阶级专政,范继森和李文蕙先生都受到了不公正的批斗。由于这些精神上的压力,再加上他健康上的问题,造成了他不幸早逝,年仅51岁。

范继森先生是知识分子的榜样,值得我们永远学习和纪念他。在他诞辰九十周年之际,谨以这篇短文缅怀他的崇高人格和对晚辈的关怀与培养。

2007 年 2 月 1 日于香港

(本文作者：原上海音乐学院副院长、钢琴教授)

忆范继森先生二三事

江明惇

范继森先生是我的恩师。我虽然跟他学钢琴的时间不长，但他给我的教益是终身受用的。

一

我是 1951 年春初中二年级的时候到行知艺术学校学习的。此前，我先后跟马虚若、辛格尔、勃朗斯坦夫人等几位中国和外籍的老师学过琴。到

"行知"后，要确定新的钢琴老师，音乐组主任陈贻鑫大哥给了我几位老师的名字征求意见。我拿去请沈知白先生指点，他毫不犹豫地指了一位我所不熟悉的名字：范继森。经过陈老师同意，我就被编到范先生班上了。

那时，范先生班上有八、九个学生，他每星期来一整天，从早上到下午，如果结束得早，他还常和学生们一起打篮球，一起玩。

范先生上课和别的老师不一样，非常严格。第一课，他就决定让我降低程度，也不管你跟什么名师学过，从手指的基本方法开

始练。什么乐曲都不给，连练习曲都不给，"拿张五线纸来！"他在纸上写了满满一页的手指练习，包括各个手指的独立性、各手指的伸张和相互连接、拇指的转动等等。要我先分左、右手，再两手同时练习。每个练习都有各种节奏、移调的变化，并且规定了具体的方法、时间、次数。他仔细讲述了从坐的姿势到手腕的高低、抬指和用力的方法、放松的方法、触键的方法和感觉等等。第二个星期还是这样。整整一个学期，我只弹过两、三首车尔尼的Op.299练习曲，乐曲仅在学期末为了应付考试，给过我一首贝多芬的《降e大调小奏鸣曲》第一乐章。

第二学期仍然是这样，但我对这样的学习已经比较习惯了，手指的方法也已有了明显的改进。好像在第二学期的中、后期，范先生才对我"宽容"些，也开始给我较多的练习曲和巴赫的复调作品。但到了初三，行知艺术学校解散了，音乐组的学生归并到刚创办的上海音乐学院少年班。只有李其芳和钟慧两人继续跟范先生学，我转到了张玮琦老师班上。

张老师一看我的"童子功"不错，就拼命拉进度，不仅练习曲、复调作品进展十分顺利，好多以前爱听的钢琴经典名曲都逐渐涉及，真感到"过瘾"。到初三结束时，我已经在对外的音乐会上弹独奏了。但仔细想来，这和范先生给我打下的技术底子是分不开的。可以说，如果没有这一年范先生的"扣"手指，我不可能在张先生班上有这么快的进展。我从高一开始转学作曲主科，但钢琴副科的成绩一直名列前茅，夏国琼老师甚至还希望我仍然以钢琴为主科，或"双主科"也可以。

我至今难忘范先生给我上课的那一年，这对当时一个才十二、三岁的男孩来讲是很"苦"的事情，但多亏有这一年的"苦"，才有以后的"甜"。可以说这一年是我整个钢琴学习历程中的一个转折。扎实的钢琴基础对我以后学作曲、搞民族音乐研究，都是非常重要的。

二

1984年，我开始主持党委工作，第一次到贺绿汀老院长家里听关于干部安排的意见。他老人家语重心长地说：当了领导，心里一定要明白，我们的权力是谁给的？是党和人民给的。你在这个领导岗位上做工作，并不等于你个人的能力有多强，而是要靠群众，在学校里就是要依靠广大的教师把工作做好。做事要为公，不能为私。接着，他就举了范继森先生的例子。他说：在这方面，范继森先生就做得很好。当年我们从美国请了李翠贞教授回来。李翠贞的水平很高，本来也想请她当系主任的，但她执意不肯，还是让范继森先生当。起先，我有点担心范继森和李翠贞不容易搞好关系，但范继森做得很好。他对李翠贞很尊重，虚心听取她的意见，另一方面对系里的工作又敢大胆抓。你们选系主任就要选范继森这样的人，要把范继森的例子告诉新上任的院、系领导干部，让大家向他学习。此后，他还多次提到这件事。

贺院长对范先生的尊重和爱护，我是印象很深的。在是非颠倒的"文革"中，有一次贺院长和范先生一起被"批斗"，被迫从一个比较高的台上跳下来。那时，范先生已病重，年迈瘦弱的贺院长自己先跳到地上，然后回过去搀范先生一把。这虽然是个很小的细节，但感人至深。那是发生在两人都遭遇"灭顶之灾"的特殊情况下，由此也可看出贺院长的崇高境界和他们两人的真挚情谊。

范先生已去世多年，但这两件事，一是专业的教益，一是精神的教益，都和范先生的身影一起深深地印刻在我的心里。范先生的事业和精神，是和我们的音乐教育事业永远共存的！

2007 年 4 月　于上海

（本文作者：原上海音乐学院院长，音乐学教授）

抹不去的回忆

陈铭志

　　今年是范继森教授诞辰九十周年。纪念他,回忆他,一直在我心里抹不去。

　　我与范继森教授认识还是在我 1946 年考入国立上海音乐专科学校(上海音乐学院前身)后,当时他已经受聘于钢琴系为教授。解放后他即担任钢琴系主任职务,直至他去世(他是我校在"文革"中被迫害致死的十位教授之一)。他一生钟情于钢琴教育,留下执著敬业的高尚情操和精湛钢琴

技艺的宝贵财富,也留下了别人无可替代的建树。

范继森教授对人坦率真诚,做事脚踏实地。他整天笑口常开,幽默潇洒,然而碰到生气的时候,他也从来都是有话直说,口无遮拦,这都是他的魅力所在。他对朋友和学生是信、是助。特别是 50 年代时期,范继森教授经常接济生活困难的学生。比如那时学校在远离市区的江湾,后迁移至漕河泾,不少学生到他家上课,上完课他怕学生回校没饭吃,就留学生在他家吃饭,有时还拿出自己的收入帮学生解燃眉之急。

范继森教授的钢琴教学思想非常丰富,教学方法灵活多变,因材施教,具有与时俱进的创新精神。他鼓励学生掌握更多的专业知识,为祖国、为社会主义服务。他积极提倡学生掌握多方面的文化素养,时时让学生感到沐浴在知识的海洋里,感受到人格的升华。范继森教授也是一个音乐界的伯乐,善于慧眼识真才。他带学生,既尊重学生的演奏个性,又逐步把他们引入正轨的艺术道路。在他的精心教导下,许多学生成为优等生,并在国际、国内的各种比赛中得奖。

范继森教授非常好学,能大胆地接受一切新的音乐。除了自己的钢琴教学外,还挤出时间搞创作、编写钢琴教学的新教材。他提倡创作要有中国特色,强调中国作品的重要性。他曾自己编写了有浓厚中国色彩的"五声音阶练习曲",还根据自己的教学经验,改革了钢琴教学中不合理的内容,编写新教材。他也是最早接受前苏联音乐的人,他分析、鉴赏、比较、传授前苏联的钢琴作品,并受到前苏联作曲家们高度的评价与赞赏。

范继森教授对同学的创作尤为重视。他热情的鼓励和帮助学生搞创作。记得当时我刚从作曲系毕业,担任本科的复调音乐教学。那时我总想将自己的教学内容和创作结合起来,加强学生对课程学习的兴趣,于是就连续写了两首《序曲与赋格》。在与范继森教授的交往中,范继森教授感到我的这两首作品写得很有特色,有深厚的中国味道,这在当时的钢琴教材中是为数不多的。所以,他就将我的两首作品由他的高徒(王羽、石中光)公开试奏,并推荐给钢琴系作教学之用,还列为学生们演出的曲目,公开宣传。后来这两首作品被编入《全国高等音乐院校钢琴教材曲选》。范继森教授肯定了我的作品、肯定了我付出的劳动。他曾有趣地告诉他的学生:"陈铭志的黑面包没有白啃"（当时我因经济拮据,为学习、搞创作经常啃黑面包当作用餐）。

我感谢这位范继森教授,感谢这位早逝的良师益友,正因为当时有他的鼓励,我对自己以后的学习与创作信心倍增,更明确了前进的方向。

诗人王维曾作诗怀念他远方的兄弟:独在异乡为异客,每逢佳节倍思亲,遥望兄弟登高处,遍插茱萸少一人。那是生离的怀念,今年是范继森教授诞辰九十周年纪念日,现在的我只有凭借着往事怀念了,那些怀念永远抹不去!

2007 年 2 月

（本文作者：原上海音乐学院作曲指挥系主任、
博士生导师,中国音乐金钟奖获得者）

忆范先生二三事

——为纪念范继森先生九十诞辰而作

罗忠镕

在我最尊敬的老师中,范先生虽然没有教过我钢琴,但却是我接触得最多的一位老师。我同范先生的关系,虽然是师生关系,但我敢冒昧地说,在我们的交往中却完全像朋友一样。其实范先生和好多学生的关系都是这

从右至左:李雅美、罗忠镕、徐嘉生

样，哪怕是他直接教授的钢琴学生。所以说，我们这些学生在他面前确实就像在好朋友面前一样的放松，一样的无拘无束。今年是范先生九十岁诞辰。如果范先生还在，我相信他的朋友和学生们一定会给他做一个热闹的生日，但可惜他早已离我们而去。为了忆念范先生，他的夫人徐嘉生同学和一些朋友们相约写点什么来纪念他。我当然也非常想写，但想来想去，却又不知写什么好。因为纪念一位老师，在文章中总得说点大道理才像。可范先生，由于我们的接触实在是太生活化了，简直就说不出什么大道理来。因此我就想到何不像四川人"摆龙门阵"一样，把我记忆中记得最清楚的一些范先生的事向朋友们摆摆，作为一种追思，而且这和范先生的为人倒反而颇为协调。想到这，那么，就这样吧！

在我还未见到范先生之前，我就听见一件令人绝对无法忘记的范先生的壮举。那时，范先生是重庆松林岗国立音乐院分院的老师。我在1943年考进学校时，范先生已离开学校，但在同学中却盛传着一件有关范先生的事。事情是，有次宋美龄招待外宾，请我们学校演出。范先生给院长戴粹伦的小提琴独奏弹钢琴伴奏。他在幕后发现下面摆的是大宴宾客的筵席。范先生一看这种场面便非常生气，竟溜之大吉。戴粹伦在上台时才发现范先生不在了，结果把他撂在台上。戴粹伦当然大为光火，回到学校就和范先生大吵一场，甚至还向范先生动起手来。范先生一气之下便离开了学校，到育才学校去教学生。范先生这种为了维护艺术尊严，不畏强权的精神，真是多么令人景仰和敬佩！试想，这在学生们的心目中将刻下多么深的印记——这才是真正的艺术家！

我见到范先生是在1946年，我们学校改名国立上海音乐专科学校搬到上海江湾以后。由于我不是范先生教的学生，所以那时同范先生接触还很少，不过范先生有件事对我印象却非常深。范先生有个钢琴主科学生叫陈蒲，他是一位非常忠厚老实的同学，很可惜还未毕业就染病去世了。陈蒲过去的一位钢琴老师从美国给他寄了几份乐谱，其中有一份苏联作曲家卡巴列夫斯基的《钢琴小奏鸣曲》，范先生研究后就教陈蒲弹奏。由于在当时还没有任何一位老师教学生弹过20世纪的曲子，所以这首曲子听起来非常新鲜。范先生在当时采用这样的曲子做教材，确实是一个创举。这在今天当然十分平常,但那差不多是半个多世纪以前的事了。这看起来虽然是一件小事,但其中所蕴含的在教学上的开拓精神是多么可贵,多么值得我们学习。

我同范先生开始较多的接触,是在 1949 年上海解放后,我在上海音乐学院工作的时期。当时学校还在江湾,所有住在学校内的老师都住在学校主楼三楼上的两排小小的阁楼房间中。我们几个年轻教师住窗户朝北的房间,我记得有桑桐、李志曙、杨与石和我;年纪较大的教授则住窗户朝南的房间:有范先生、朱建和洪达琦先生。那时我们和范先生就天天见面了。我们总是不分彼此地在各个房间串来串去,就是年纪最大的洪达琦先生也不例外。现在想起来,那段生活虽然十分紧张,但也确实十分愉快。这又使我想起范先生一件令我终生难忘的事。那时我写了一首歌曲《什么花,什么人?》当时的同学李雅美要唱这首歌,我们请范先生弹钢琴伴奏,他慨然答应。范先生非常认真,便开始练起这首歌的伴奏来。我当时虽然还刚开始写写东西,完全没什么本事,但也想玩点什么新花样,便挖空心思想出一个节奏音型来。写出来后,左右手对起来非常别扭。但范先生不仅一点也不在意,而且还花很大的工夫来练习。我至今脑袋里还鲜明地记得一上楼便听见的范先生练那个伴奏的琴声。最令我感动的是,当时我向范先生提出我把这改改。范先生却说你先不要改,我练练再说。我想,如果换另一个人,肯定就会说:"你写的什么玩意儿,教人怎么弹?"但范先生首先想到的却是"我还没练好",而不是指责作品没写好,何况我还是他的学生辈。的确,也只是有了像范先生这样对待新作品的演奏家,我们的音乐也才得以向前发展。大凡一种新出现的东西,刚接触的时候多少总有些不习惯,甚至需要费力克服的地方,如果一位演奏家一遇见这类情况就认为作品有问题,我们的创新如何实现?像范先生这种对待新创事物的精神,确实值得我们效法(前面所谈率先采用 20 世纪音乐作品做教材也是这种精神)。当然,话又说回来,我绝非说我那不合理的节奏花样是什么"新创事物",我只是说在这件事上范先生所表现出来的那种可贵的精神。而且还要说明一点,也不是说一切所谓创新都是合理的,都是好的,演奏者都应接受的。我只是说有些演奏者只要一不习惯,一不顺手就加以否定,这对音乐发展不利。像我这首歌的伴奏,范先生虽然练好了,但怎样听也不顺,也不流畅。后来还是从头到尾做了修改。

1950 年下学期我离开了上海音乐学院,离开后我就再也没回过江湾了。那时范先生已搬到市区铜仁路的寓所,我去得最多的地方就是范先生家。范先生还向我说过,如果我找不到住处就到他房后一个小间去住。但我找房子的运气倒相当好,很快就租到房子了。范先生对我的关心,我内心确实非常感激。这段时间范先生又有一件令人难忘的、十分有意义的事。在范先生的倡导下,约集了一些朋友举办室内音乐会。为了同外面在事务方面联系方便,范先生把这取名"乐艺社"。我们确实举行了两场很有份量、很精彩的室内音乐会。地点是在法文协会的一个演奏厅中。那里本来也常常举行音乐活动。更值得一提的是我们这音乐会对曲目的要求。我们商量好,每次音乐会都必须有一部室内乐作品,而且还必须有中国作品。这决不只是说说而已,音乐会曲目就是这样安排的。在第一次音乐会中,由杨秉荪、王可忠、严开礼、陈鼎臣和朱雅芬演奏了德沃夏克的《钢琴五重奏》,排练就在范先生家。我们都去听排练,倒真是大饱耳福。至于中国作品则是周小燕先生唱了我前面曾提到过的那首《什么花,什么人?》和《旋律》(这是我在解放前用晏几道的《临江仙》写的一首歌曲。周先生很喜欢这首歌,但又觉得这样的词在当时唱不合适,便建议不唱词,用一个"啊"来代替,我记得她还说过拉威尔就有这样的歌)。在第二次音乐会中,富华(Arrigo Foa,在中国工作的意大利小提琴家)、黄贻钧(圆号)和周广仁演奏了勃拉姆斯的《小提琴、圆号和钢琴三重奏》,中国作品是魏鸣泉唱了我新写的歌曲《放牛羊》,陈铭志的歌曲《农民小唱》和《劳动生产歌》。我们还设想了一系列下面的计划,我还隐约记得有杨秉荪等的舒伯特《鳟鱼五重奏》和司徒家的弦乐四重奏。司徒华城就已在音乐会中演奏过格林卡的《中提琴奏鸣曲》了。但由于这时已开始了抗美援朝,政治空气愈来愈紧张,这样的音乐会显然就不好再举行了。说实在的,大家也很怕出问题,于是就没再举行了。既然已谈到这两次音乐会,我倒想再谈点余波。我们的音乐会在当时是售票的,而且这两场听众都非常踊跃。因此有相当可观的一笔收入。不过,我们大家都没要一分钱,就是参加演出的也没要一点报酬。我们是想把这笔钱存下来作为以后音乐会的经费。但由于抗美援朝开始了,音乐会是不敢再开了,钱也不敢再留了。在范先生提议下,便把这笔钱全部捐给了抗美援朝。这好像是吴增荣经手办的。这两次音乐会虽然算不得什么,但平心静气地想想:差不多半个世纪过去了,虽说提倡室内乐大有人在,提倡中国作品更是大有人在,但在这半个世纪中,有没有人组织过系列室内乐音乐会? 有没有什么地方曾定出过每次音乐会都必须有中国作品? 但范先生倡议并牵头的"乐艺社"音乐会就确确实实地这样做了,而且还把这明确地写在节目单上以作为预告。难道这不值得一提?

1951 年,我到了北京。范先生是极力主张我来北京的老师之一。这以后当然就很少和范先生见面了。不过范先生每次来北京,我们总是见面的。我还特别记得有次范先生请我和李志曙到后海"烤肉季"吃烤肉,因为那种吃法太特别了,所以那时的情景现在还历历在目。我最后一次见范先生是他到北京来时我请他到我家吃饭,我还约了杨秉荪和赖亚群来我家作陪。我们当然谈得很愉快,但自那以后我就再也没有见过范先生了。

在写这篇纪念短文之前,我确实犹豫了很久,因为回忆中都是一些零零碎碎的小事,觉得实在说不出什么大道理来。像这样,写出来有什么意思呢? 但后来一想,即使没什么意思,那也是对范先生的一片心意,于是,那就写吧。但一动起笔来,我的思想却意外地来了个大转弯,在这些回忆中,不是都蕴含着非常值得深思的深意吗? 像第一件事,范先生那种为了维护艺术尊严而不畏权势的凛然正气;第二件事,范先生那种不因循守旧的开拓精神;第三件事,范先生那种对待新创作的热心和积极态度;最后,范先生提倡并推动室内乐和中国作品的实际行动,这一切所蕴含的深意和道理能说不大吗? 但我奇怪的是为什么一直没有想到这一层呢? 现在我倒有点明白了,原来这一切都不是范先生说出来的,而是范先生做出来的。

2007 年 3 月于北京

(本文作者:中国音乐学院作曲系教授)

琴音袅袅　师情悠悠

——忆恩师范继森

陈贻鑫

1940 年冬天,著名教育家陶行知创办的育才学校音乐组,在重庆举行首次学生音乐会。小提琴家黎国荃和钢琴家范继森应邀合作演奏了门德尔松的《e 小调小提琴协奏曲》第二乐章。从此,范先生和我们结下了深厚的师生情谊。

1941 年皖南事变发生,国民党反动派加紧对育才学校的迫害。音乐组主任贺绿汀含泪离开学校,由苏北敌后抗日根据地转赴延安。他走后,我们的学习陷入无人指导的困境。同学们响应陶校长"先生不在学如在"的号召,开展小先生互教互学活动,又派我去重庆向范先生求教,回来后再教其他同学。但这样仍不能满足全组二十多个同学的学习要求,于是,范先生在

1942 年夏天,置国民党的白色恐怖于不顾,只身一人扛一包沉甸甸的琴谱,坐了 5 个小时的小轮船,再走 25 里山路来到学校。到校时,已近黄昏,他顾不上休息,急忙吃完晚饭,就在学校租用的农家小屋里,在昏暗的桐油灯下,审听同学们的作业,并留下新的功

课。第二天他给二十几个同学全部上完课后，又独自返回重庆。范先生就这样从春到冬、风雨无阻地给了我们这群渴望得到指导的孩子们极大的帮助。

范先生师从俄国钢琴教授查哈罗夫，受到俄罗斯钢琴学派的影响，他的技术功底深厚扎实，演奏风格热情深沉。那时我们的钢琴程度很浅，都才弹完《拜尔》和一部分《布格缪勒》及小奏鸣曲。处于"一、二、三大家一齐开步走"的程度。范先生为了使我们在无法保证定期上课的情况下，获得自学能力，加快学习进度，他在教学上特别严格认真、循循善诱。他十分注重基本功训练，从教手指、音阶、八度、琶音、和弦、分解和弦的练习，直到教我们在键盘上熟练地运用 24 个大小调的练习，都尽心尽力、一丝不苟。在音乐表现上，他不仅用口讲授，还亲自示范演奏，使我们认识到技术是手段，艺术才是目的；体会到音乐是作品的灵魂，要使音乐进入人的心灵，首先自己心中要有音乐。在范先生从不放过一个错音的严格教学下，我们这些进校前连钢琴都没有见过的学生，在三至五年内达到了当时音乐学院钢琴专业学生的水平。其中杜鸣心、陈贻鑫、杨秉孙、郭惠英的钢琴独奏、重奏还获得重庆听众的好评。

1943 年 1 月，重庆上映话剧《安魂曲》。那时话剧配乐不像现在可以先期录音再在剧场播放，剧中主人公莫扎特演奏的《A 大调奏鸣曲》是由范先生在侧台现场弹奏的。尽管那时没有三角钢琴，范先生仍能在破旧的立式钢琴上弹出美妙的音乐，为这出感人的戏增添了光彩。陶校长被这出戏感动得眼泪像泉水一样涌出，他连夜写信给育才全体师生，号召大家："节约、生产、省出钱，去看这万戏之戏，换取精神的营养。"

抗战胜利后，范先生在上海音专任教，育才学校也从重庆迁往上海。杜鸣心和我仍继续跟范先生学琴，我们每次骑自行车跑 20 多里路去江湾上课。范先生仍如过去那样严格认真地教我们，不但不收我们的学费，还常常留我们吃饭。那时物价一日数涨，范先生的工资不多，他自己过着简朴的生活，却在小煤油炉上炖上一点排骨汤，煮上一小锅大米饭，给我们改善生活，这种美餐在当时真是得来不易啊。那冒着浓浓香味的汤，那热气腾腾的大米饭，盛满了范先生给我们的温暖和情谊。

范先生热爱真理,为人正直,他对当时上海蓬勃开展的"反饥饿,反内战"的学生运动非常同情和支持。他投身于学生们的游行队伍中,拿起笔谱写了《反迫害、争民主》的歌曲。他用义无反顾的行动,向反动势力宣战,得到了学生们对他的敬爱。

上海解放后,范先生仍继续在育才学校兼课,直至 1955 年学校院系调整,育才音乐组合并到上海音乐学院,才离开我们。这以后,他又培养李其芳、洪腾、许斐平成为国际比赛的获奖者,王羽、钟慧等则成为优秀的钢琴教授。范先生的儿子、学生范大雷继承父志,又培养出孔祥东等优秀青年钢琴家。

范先生谱写有歌曲和一些歌曲的钢琴伴奏。他的作品虽不多,但至今仍令人难忘。如为田汉的词谱写的独唱曲《安眠吧,勇士》,这是一首献给为抗战牺牲的勇士的赞歌,旋律饱含深情,悲壮中带有昂扬、激奋。钢琴伴奏在表达歌曲的内涵和色彩的烘托上颇有独到之处。尤其由范先生亲自演奏,更是把钢琴的艺术感染力发挥得淋漓尽致。当时在重庆由著名男高音歌唱家胡然和蔡绍序独唱,在音乐会上很受欢迎和赞赏。这首歌已被收入台湾中华音乐出版社丛书中国艺术歌《百曲集》。今天,我能在视奏和即兴伴奏上具有较强的熟练功底,全得力于范先生的辛勤教诲,是他给我打下了扎实的童子功,使我一生受益匪浅。每当我想到在育才音乐组的成长时,就更加怀念范先生,是他在白色恐怖中,无所畏惧地向我们这些嗷嗷待哺的孩子伸出援助之手,是他在艰难的岁月里,毫无杂念地一心为祖国培育音乐幼苗。他那只身一人,肩背沉重乐谱,跋涉在山间小路的身影,常在我眼前呈现,伴随着时光的流逝,越来越高大,越来越鲜明!

原载 1996 年《钢琴艺术》总第 5 期
（本文作者：中央音乐学院指挥系原副系主任、教授）

我的钢琴老师范继森先生

杜鸣心

在我学习音乐的过程中,向范继森先生学习钢琴的时间最长,前后达七年之久。他的为人和品德,对我的关心与爱护,令人难忘。时间虽已过去了半个多世纪,回忆起来,仍然像昨天发生的事一样,感到格外亲切与温暖。

范先生是 1942 年到陶行知先生创办的育才学校音乐组任教的,这以前由贺绿汀先生与他的夫人姜瑞芝先生教我们钢琴、视唱、练耳等。皖南事变后,时局骤然紧张,育才学校一大批老师不得不离校他去,贺绿汀先生与夫人也同时被迫离开我们。一夜之间我们失去了贺先生等老师,而当时,我们才刚刚踏进音乐的门槛,非常需要老师的继续指导。就在这关键时刻,陶行知校长为我们请来了范继森先生。育才学校地处偏僻的凤凰山上,交通极为不便,从青木关音乐院到育才,来回要徒步走 40 余里山路。范先生为了

我们的学习,不辞劳苦、不计报酬,每次来校,一整天、一整天地耐心指导每一个同学。这一阶段,我们的进步很快,从车尔尼 849 至 299,都掌握得较好。大家都愿以优异成绩回报敬爱的范先生。不久我们迁到重庆,范先生到重庆时总要抽空来为我们上课,有时候我们也坐车到青木关请范先生指导。记得有一次我与陈贻鑫去青木关,正巧他与戴粹伦先生合奏贝多芬的《c 小调小提琴钢

琴奏鸣曲》。他们正排练去重庆开音乐会的曲目,使我们俩大饱耳福。到吃饭时,范先生还请我们上餐馆"打牙祭"(改善伙食、吃好的)。抗战期间,大后方的教授们的待遇不高,生活十分清苦,但是每到吃饭时间,范先生总毫不犹豫地请我们上馆子,这似乎已成为惯例了。

战争结束后,范先生随音乐院回到上海,这期间育才学校因经费无着,仍滞留重庆。1947 年,我忽然收到范先生从上海写给我的一封信,信中说,希望我到上海继续学习,否则学业荒废了很可惜,钢琴还由他教。更重要的是上海音乐院有位教作曲的富兰克教授,可向他学习作曲。他认为我可在作曲方面发展。收到这封信我极为感动,想到远在上海的范先生依旧关怀着我这个穷学生,还在为我安排学习环境,考虑今后的学习方向与发展。这封信对我的影响极大,虽然我未能应范先生之邀,只身去上海,但范先生的信点燃了我学习作曲志愿的火花。

育才学校后来亦迁至上海,校址在大场余庆桥,每星期我们从大场骑两个多小时的自行车到江湾上海音乐院请范先生上课。那时范先生一人住在最高层的小阁楼上,自己用煤油炉做饭,生活很简朴。每次上完课,他还忙着做饭请我们吃,像慈父般照料我们。

范先生上钢琴课非常仔细而严格,从标定指法与句法,再讲解每首作品的演奏风格,使人不仅仅在演奏技术上有所进步,更使我对古典音乐有了深层意义上的理解。范先生对演奏方法也规范地提出要求:他一方面要求学生弹奏得干净、清楚、准确,同时要学生注意演奏方法,不要只靠手指灵活跑动。在弹奏 *f* 或 *ff* 的力度时要善于运用整个手臂甚至全身的配合来达到乐曲高潮的震撼效果。这些观点与俄罗斯钢琴学派的弹奏特点是一脉相承的。如果学生仅仅只会用手指弹琴,那么,他们在演奏的幅度上是有限的,其表现力亦受到很大的限制。

范先生是一位教育家、演奏家,同时还是一位作曲家。他的作品数量虽不多,但其质量很高。抗战期间,他写过一首男高音独唱曲《安眠吧,勇士》,在后方重庆的音乐会上经常能听到这首歌的演唱。歌曲的旋律深沉凝重,感情浓郁而强烈,钢琴部分尤其写得精致,其织体与和声丰富多彩,因而成为一首保留曲目,并受到广大听众的喜爱。范先生还为香港拍的电影《文天祥》写过一首主题曲《正气歌》。这首曲子是应制片厂公开征集而入选,为此他得到一笔稿费。恰逢我去上课。课后,他高兴地对我说:"今天我有钱了,走,到上海去看电影。"于是他带我坐上长途汽车去上海。解放前的长途汽车又破又旧,上车的人也多,有空位时他就让我坐,自己一直勾着腰,吃力地站着。中途有位农妇抱着孩子上车,范先生发现后,立即让我将座位让她。这虽是一件小事,却对我教育很大。自那以后,凡是看见抱小孩的妇女上车,我会马上让座。直至现在,我虽已年过六旬,当看到抱孩子的母亲上车,我亦很自然地让座,而我附近的年轻人却无动于衷,真令人寒心。

我清楚地记得,那天范先生请我到上海美琪电影院看的是《六宫粉黛》,原名"Sheherazade",是好莱坞40年代拍的有关里姆斯基·科萨科夫年轻时代参加海军、周游世界发生的故事。当然,故事是杜撰的,但影片中几段科萨科夫的音乐给我留下了难忘的印象。一首是《印度客人之歌》,另一首是《野蜂飞舞》,影片最后以歌剧院上演科萨科夫的舞剧《舍赫拉查达》作结束。作为一个穷学生,能在有冷气设备的一流影院看头轮上演的电影,在解放前是难以想象的。后来我才知道,范先生在《文天祥》电影应征歌曲中获奖,用稿费与我分享他的快乐。

新中国成立后,我在北京中央音乐学院工作,范先生还时时关心我的一切。当他知道我从印尼回来,立即建议我用演出报酬买一架好钢琴。于是我从一位离境的俄罗斯先生手中买了一架135型AUGUSTFORSTER牌立式琴,它的中音区音色柔和含蓄,高音区明亮清澈,低音区深沉浑厚,近似三角琴的效果。四十余年来它带给我的艺术上的享受难以言表,并长时期激发我的创作灵感,我就是用这架琴来定稿、来完成我的全部作品,它并将陪伴着我一生的创作实践。

范继森先生离我们而去了!听说他在那"史无前例"、人妖颠倒的年代受到了极其不公平的对待,含冤辞世。而他的为人、崇高的品德有力地说明了他是一位好人,一位正直的人,也是我一辈子不会忘却的恩师!

原载《钢琴艺术》1996年第5期

(本文作者:中央音乐学院教授)

缅怀钢琴教育家范继森教授

姚以让

　　上世纪三四十年代,中国人民遭受日军疯狂侵略,北平、上海、南京、武汉等全国许多大城市相继沦陷,人民大众正处于颠沛流离的艰苦抗战年代,当年救亡运动如火如荼,抗战歌声响遍全中国。1939 年 11 月国民政府中训团在陪都重庆创办了音乐干部训练班,那时重庆国立音乐院尚未成立。音干班当局聘请了一大批当年因战乱移居重庆的中国音乐界名流担任该班音乐教学工作,计有吴伯超、戴粹伦、满谦子、贺绿汀、刘雪庵、江定仙、邱望湘、胡然、劳景贤、洪达琦、易开基、胡静翔、夏之秋、陆修棠等数十位专家,还聘有较年轻的范继森、谢绍曾等知名人士。由于该班拥有众多的中青年优秀师资,同学们可选修音乐专业课,但必须学习声乐,教学上重视合唱课的训练。范继森先生是当年班上聘请的一位钢琴兼合唱伴奏老师,在我的记忆中,每次合唱课范老师总是提前到。他喜

欢先摸摸琴,练练手指,弹弹音阶琶音。我当年作为一位爱好钢琴的学生,上合唱课也常常先到教室,喜欢听他练琴。当年的他,个子高高的,容貌英俊,年轻热情,一双手弹起琴来,手指手腕似乎显得很宽大灵巧,乐谱上多层宽广大跳的织体,看上去他都能得心应手地随意演奏。当年音干班同学们唱了许多中外著名合唱曲,虽然指挥老师有时要换人,但是伴奏任务都落在范老师身上,同学们也喜欢他弹伴奏,因当年音干班百人合唱团演唱水平较高,但缺乏乐队伴奏,除指挥把握音乐整体外,在音响上为歌声造气氛、托意境、促情绪发展都亟需钢琴乐声来支撑。范老师当年弹的《中国人》、《胜利进行曲》、《抗敌歌》、《旗正飘飘》、《抵抗》、《长恨歌》、《念故乡》、《海韵》、《哈利路亚》等等钢琴伴奏,通过他这位钢琴家对时代的深切体会和良知的感应,以他精湛熟练的钢琴技巧,把那些合唱作品中的慷慨激昂、委婉自如的情意,烘托得更加真切动人,为每一首合唱曲都增添了极大魅力。音干班当年的同学们都是要学习钢琴的,范老师虽然当年没有直接教过我钢琴,但我很爱听他弹琴,他流畅的琴声,常在我脑海中回荡。当年是战争年代,同学们很珍惜时间,学习很努力,也爱交流学习心得。从同学口中知道他教学有方,要求严格,课堂上重视基本功教学,同学们还课,弹得好,他热情鼓励,弹得差,他直率指点。不少同学都认为,他为人正派,思想进步,这也表现在当年音干班音乐演出活动中。当年音干班常有对外演出的任务,范老师大多要参加。但有次演出活动听说是为了宋美龄访问印度回国举行欢迎会,邀请音干班参加音乐会演出。当那次音乐会即将开始时,忽然服务员端出来茶点,把音乐会变成了出堂会。这个场面引起了师生们极大不满,当时范老师特别反感,认为这是对音乐的亵渎,他愤然离去,拒不参加演出。范老师当年又曾参加在重庆励志社实验管弦乐团的演出,也曾多次发生类似事件,他最恨这类演出,由于他带头罢演,该团后来被解散了,范老师这种刚直不阿、正直为人的气节和他维护音乐家的艺术与人格尊严的高尚品质,给同学们留下深刻的印象。

音干班 1943 年由教育部接管,改建为国立音乐分院,范老师也执教于该院,与同学们相处,时日渐久,情谊更深,师生感情亲如家人。当年苦寒学生很多,不少同学因经济困难,需要找临时工作,维持生活。据我所知,当年四川籍不少穷困同学在校外打工，他们毕业后的工作联系等都得到范老师的大力帮助和推荐。他这种对学生全面关怀的真挚情谊，深得同学们的敬佩，今日回忆起来，仍记忆犹新。

范老师除钢琴演奏及教学外，还跨入了音乐创作领域，早年他曾为田汉作词《安眠吧，勇士》谱曲，此曲曾由上世纪40年代中国第一男高音唱歌家胡然等演唱。另外，中国电影《文天祥》主题音乐《正气歌》也是范老师写的。《满江红》是我国最著名的古代歌曲，此曲曾流行几种钢琴伴奏，但其中最具特色的还是范老师为歌唱家蔡绍序写的那首伴奏谱。这首伴奏谱，全曲以急速的三连音为节奏背景，伴以半音化的和声，织体陈述严密，无半点雕琢斧凿的痕迹，宏壮激情的音流，衬托着正气浩然的歌声，自然流畅。此谱流传至今，仍为《满江红》的伴奏精品。看来，范老师在音乐写作上也是很有才气的。当代学者们常说，不同艺术学科之间的相互交融和嫁接，能拓展艺术创新的能力。把作曲与钢琴教学结合起来熔于一炉，对于提高艺术家素养、深化教学内涵是十分有利的。在这方面范老师既专且博的治学精神，是我们学习的榜样。

俗话说，师高弟子强。范老师璀璨光明、勤奋执著的艺术人生，通过他辛勤耕耘的学校教育与家庭教育，为国家、社会培养了如洪腾、李其芳、许斐平等众多的钢琴艺术杰出人才，他是一位令人尊敬难忘的良师，他的人品和敬业精神，都是我们深深仰慕的。

2007.2.2 于成都

（本文作者：四川音乐学院作曲系教授）

回忆恩师范继森教授

叶俊松

　　1943 年抗日战争期间,我在重庆青木关松林岗国立音乐学院分院(就是现在的上海音乐学院)钢琴专业学琴时,曾师从范继森、杨休烈这两位教授,他们的教学都使我获益匪浅。他们本身的水平、治学精神以及勇于实践的精神给我们树立了光辉的榜样。除了繁重的教学任务,他们还经常上台演出实践,特别是范继森先生,同学们给他一个绰号叫"范伴奏",因为他在音乐会演出中替很多的学生和教师担任伴奏。假若我没记错,他曾为当时

的小提琴家戴粹伦先生,男低音歌唱家斯义桂先生,男高音歌唱家蔡绍序先生等名家的音乐会伴奏。当年学校的条件很艰苦,教学设备也很简陋,根本谈不上录音、唱片等音响设施。实际上我们做学生时,能听到的和经常能观摩到的,就是我们这些老师的排练。我记得当年礼堂里面有一架唯一的小三角钢琴,只有老师可以弹,学生是不可以弹的。当年的老师也很穷,只有一两个老师有自己的钢琴,其他老师都排琴点,在这架小三角钢琴上轮流练琴,他们的练琴,就是我们欣赏到的音乐了。我们经常去礼堂站在老师们背后看老师练琴。我还记得有一次,我和几位同学去看范先生练琴,我们还提出请他弹肖邦的第二诙谐曲、第一叙事曲、"革命"练习曲等。这不仅仅说明了老师本身的演奏水平,也说明了当时我们亲密的师生关系。范先生弹琴的音色至今给我留下很深的印象。他的演奏风格严谨,层次细腻,音色清晰、透明,颗粒清楚,强弱对比鲜明。我记得我跟他学习肖邦"雨点"前奏曲时,第二大段的B音同音八度反复,他费了很大劲儿教:那个音要强、要饱满,又不能猛。我记得从前我弹得太猛,他曾对我开玩笑地说:"你这样弹,那雨水早把房子给冲倒了。"他对我要求非常严格,类似这样的例子还有很多。

当时,在老师们以身作则的带动下,学校的学习风气、学术空气是很浓厚的。

在范先生90诞辰之际,特作此文纪念。

(叶俊松口述、张晓蕾整理)

2007 年 2 月

(本文作者:云南艺术学院教授)

我 的 回 忆

郭蕙英

　　抗战时期,范继森老师在重庆工作的时候,他每月要到四川北碚草街子凤凰山、由教育家陶行知担任校长的私立育才学校音乐组去教授钢琴课。这是无偿的义务奉献。从重庆到草街子凤凰山要跋山涉水,路途遥远而且艰难,但范先生却不畏艰难,风雨无阻,坚持每月到校授课,这种精神是非常难能可贵的。

　　范先生在教学中严格认真,不厌其烦地一遍又一遍地指出学生弹奏中的问题,在他的悉心指导下,同学们都非常用功,发愤学习,水平提高得很快。育才学校的学生曾到重庆、北碚举行会演,受到广大民众的欢迎,当时重庆的《新华日报》曾载文盛赞此事。

　　我清楚地记得在1944年夏日,范先生问我想不想报考松林岗音乐分院钢琴系,因为在育才学校是每月上一次课,时间拉得太长,学习的内容也太少,所以他建议我前去报考,这样可以更好地、系统地学习钢琴。这对于我来说无疑是个大好事,范先生立即帮我准备了一些曲目,让我赶快抓紧时间练习,但是当时音乐学院的招生工作已经结束。后来由于范先生的力荐,并在他的提议下,院方特别为我一个人进行了一次考试。当时我发挥得很不错,考试非常顺利,后来被录取并插班到二年级学习。为此,我非常感谢范先生对我的栽培,真是不知如何报答恩师的关怀,一辈子都铭记在心中。

不幸的是,这么可敬可爱的老师在"文革"中竟被迫害致死,这是音乐界的一大损失,是民族的不幸,直到粉碎"四人帮"后,范先生才得到平反昭雪。一代伟大的钢琴教育家就这样陨落了,这不得不令人感到非常痛心。

2007 年 2 月

(本文作者:南京师范大学音乐学院教授)

忆恩师范继森教授

葛蔚英

我虽自幼接触钢琴,但因家中无琴,不能正常练琴,钢琴学习时辍时续。1947年考取了上海国立音专,在范继森先生班上才开始正规的学习。

那时校舍在江湾,范先生住在教学大楼三楼,上课在二楼。范先生教学认真负责,从不计较时间,上课拖堂是出了名的。我是守规矩的好学生,该

在江湾学习时

我上课的时间就等在教室门外,每每要等很长时间。我常用耳朵贴在门缝听声音,或者将眼睛凑在门锁钥匙洞里窥察里面的动静。如果没有琴声而只是在讲话,那么前一位同学就快下课了。有一次范先生给我上课也拖了很久,直至下一节共同课开始。

范先生上课一丝不苟,非常严格,别看他在教室里来回踱方步,耳朵可尖着呢。如果学生弹奏时手指稍微碰到旁边不应该有的音,他就喊叫起来,更不要说弹错音了,这是绝对不允许的。同学说我弹琴干净,这是范先生对学生起码的要

求呀。

　　范先生十分重视基本功的训练，我跟他学琴的头几年除一般的音阶琶音外，他还从什密特、匹什纳、菲力普、杜纳伊、科托等众多的技术练习教材中去繁就简，去芜存菁地挑选出有训练价值的部分给我练，而且要作移调、反向等行之有效的各种变化，来加强手指的独立性和灵活性。针对我只够得到八度的小手，他还给我弹库拉克八度练习曲和车尔尼作品 635 中特殊的练习曲，以便日后我能掌握肖邦叙事曲、李斯特练习曲中高难度的片断。有时范先生针对我弹奏上存在的某些问题自编一些练习，口授我去练。至今我还保留着范先生编写的一份指间扩张练习的手迹。

　　解放前夕，时局混乱，校舍驻兵，学校停课。外地学生均移往福州路上海交响乐团办事处，上海有家的学生统统放假回家。范先生本可以名正言顺的不上课，但他为了不影响学生学习却照常给我和石中光上课，并借用西康路新闸路小学的钢琴。那一天我正在等候上课，有传呼电话说"不来了"，我以为是范先生不能来了，忽然听见叮铃铃……范先生骑了一辆"老坦克"自行车"驾到"了（原来电话误传，是石中光不来）。范先生从郊区老

1952 年毕业音乐会上范继森为学生葛蔚英协奏

远赶来，使我好感动，多好的老师啊！

　　范先生非常重视音乐表现，给新功课时，分析作品从曲式结构到乐句、线条、层次、高潮。他总是从音乐上的要求出发，来指导弹奏方法，讲究触键和音色的变化。他要我通过谱面上的标记，领会作曲家的意图和乐曲的性质。他在不放过音乐细节的同时，更注重整体音乐形象的把握。他教一首曲子，总是有计划地安排各个步骤，逐渐深入。范先生还教会我如何分析困难和克服困难。他有一句名言："要找出曲子中困难的焦点"以达到节省时间、精力，取得事半功倍的效果。

范先生弹得一手好琴,在江湾时他与王羽合奏李斯特的《匈牙利幻想曲》给我留下深刻印象。我三年级考试弹的一首莫扎特d小调钢琴协奏曲,和毕业音乐会上演奏的哈恰图良钢琴协奏曲,也都是范先生亲自协奏的。他平时在课堂上边讲解边示范演奏,使我能更直接感受到音乐的内涵。

范先生在教材选择上除了采用经典名作外,还不断开拓新曲目。他给我弹的前苏联作曲家卡巴列夫斯基的一首小奏鸣曲作品13号之一,被列为20世纪最有价值的教材。当时国内买不到这些乐谱,范先生借给我的乐谱是在美国出版的,我将其抄录下来学习。包括后来学习的哈恰图良的《托卡塔》和肖斯塔科维奇的《24首前奏曲与赋格》、卡巴列夫斯基作品38号《前奏曲集》中的几首乐曲,也都是我用手抄录的,因为那时候我们还没有复印机。

1951年10月12日著名作曲家卡巴列夫斯基来中国到我院访问,贺院长知道我在范先生指导下学过他的钢琴作品,指定我在上海音乐界欢迎他的音乐会上演奏。那天卡巴列夫斯基在江湾礼堂先作了关于"批判世界主义、形式主义和遵循现实主义创作方法"的报告。巧的是,在报告中举例示范的恰恰是我要上台演奏的那首。那天贺院长介绍范先生与卡巴列夫斯基见面,说范先生是中国第一个介绍他作品的教授,卡巴列夫斯基表示,能在上海音乐学院听到他本人的作品已被采用为教材,非常高兴,两位音乐家亲切握手的热烈场面,感动了每一个在场的观众,解放日报记者还为我们摄影。这一帧具有历史意义的照片,我保存至今。

点点滴滴回忆起来都已是半个多世纪以前的事了。我自1947年至1952年毕业,一直跟随范先生学琴。可惜在这五年中,由于解放前夕时局不稳定,学校停课,解放后一系列的政治运动又经常停课。但是范先生严谨治学的态度,执著敬业的精神已经潜移默化地体现在我的教学工作中,并将代代相传发扬光大。我永远怀念敬爱的恩师范继森教授。

2007年3月于上海

(本文作者:上海音乐学院钢琴教授)

难忘恩师范继森教授

全如珑

我于 1953 年在上海音乐学院钢琴系毕业。一生中给我印象最深的就是在江湾老校址的学生时代。回忆那时我的主科老师范继森先生对我的培养、关怀,使我终生难忘。

我跟范先生学琴时间不长,他对学生要求很严格,教学上善于动脑筋。

全如珑(左)与徐嘉生

范继森、李志曙合影
（1950 年李志曙毕业音乐会）

我在学习上遇到了困难，他总是帮我分析、出点子，告诉我如何练，三练两练问题就解决了。范先生知识渊博，他不断探索求新，在学问上永远前进不断追求，永远有新发现，新办法，走新路子。

范先生平易近人，对任何人都没有架子，学生都喜欢他，爱和他聊，和他玩。范先生又乐于助人，哪位学生生活上有困难，他就慷慨解囊。受他帮助的人太多了，先夫李志曙就是其中之一。

范先生经常为李志曙弹伴奏，李志曙的毕业演唱会也是请范先生伴奏的。

范先生，您是我们的恩师，我们真心的爱您，感激您。我们永远想念您！

2007 年 3 月 18 日于北京
（本文作者：中国音乐学院钢琴系教授）

诚挚感激　深切怀念

——一堂"铁面无情"的琴课

朱珊珊

　　我13岁时,在一个偶然的情况下学习钢琴,开始了我的钢琴生涯。当时父母供了学费,却从不关心我学琴的情况和进度,记得母亲曾说过:"女孩学习一技之长,以备防身。"但是我不知学习钢琴如何可以去防身?那时,在没有任何压力的情况下,我又偶然地考入"国立上海音专"(上海音乐学院的前身)。

　　我的第一个钢琴主课先生是位温和、好脾性、爱赞扬学生的女教师,后来因她移民美国而离校。学校安排我跟随音乐学院出名的严厉老师——范继森先生学习钢琴。

　　当时我是个学琴起步晚、手的条件和音乐才能远不如其他同学的女孩,是一个钢琴上既无抱负又无梦想,只乐于轻松、得过且过、爱听赞扬的学生。因此,在心

1991年在香港朱珊珊与范大雷合影

情紧张、准备接受责骂的情况下,上了范先生的第一堂钢琴课,课后暗自庆幸受到了"客气"的对待。心想原来严师貌严心软,并不可怕。所以,在自我放松和凑合的状态下又应付了第二堂课。但到第三次回课,情况不对了,粗心的错音和杂乱无章的拍子,重复不断地轮流出现,一再向范先生的耐性挑战。终于一个语气粗硬、话声激动、两眼直瞪的"可怕"面目冲着我来了。我拿自己手小和手指软,作品超级难弹为理由辩解,想以此为挡箭牌来博得老师的同情和原谅。谁知范先生立即针对我的"借口"出招,让我分手练习不同的节奏,重音转移,来回做扩大手的伸张和指力独立的练习。一次,两次,三次……做得不对再做,四次,五次,六次……一定要做好为止,坚持练……不知弹了多少次,手背暴青筋,手掌红又痛,心中直叫"苦"。那天就是在这样严格的"铁面无情"的情况下上课。他还要我天天持续苦练,怎么办? 但如不练,下一堂课不是更苦? 无法逃避,只能接受"铁面无情"、丝毫不放松的现实。

就这样在"严要求,高实效"的培训下,我的大脑逐渐被触动,学乖了,开始醒悟到"得过且过"想"浑水摸鱼"是行不通的。手不论大小,才无论多少,学琴起步不管是早是晚,在钢琴面前,都须接受严格的训练。在学习上,没有不劳而获、坐享其成的奇迹出现。只有不畏艰难,勤学苦练才能取得成功。

恩师范先生对我循循诱导,在学习上也给我适当的压力,把我调教了四年,我在毕业音乐会上演奏舒曼钢琴协奏曲,范先生亲自协奏。在这四年中,我经历了"由苦到乐"、"由苦转甜"的过程。范先生改变了我的学习态度和心态,使我建立了新的人生观,建立了对钢琴的梦想和以钢琴为事业的抱负。这四年是我习琴最珍贵的黄金时期。半个世纪来,恩师培育的动力一直鞭策着我要学无止境、不断深造,为钢琴教育事业出份力,做番事。

2007年春节,我收到香港学生的感谢卡,上面写着,由于我对她的严格的"誓不罢休"的教导,使她以优异的九十五分考获钢琴 LTCL 文凭,并在亚洲区钢琴公开赛上获奖。事实上这"誓不罢休"的教导是继承和沿袭了"铁面无情"的培训,这是恩师对我育才教德的成果。

敬爱的恩师,虽然您已离开了我们,但您的为人师表、亦师亦友的品德和您的满怀爱心的教学精神,永远留在我们心中。

敬爱的恩师,在纪念您九十冥寿之际,追溯往事,伏案执笔,撰写此文来表达学生最诚挚的感激和最深切的怀念!

2007 年 3 月于香港

(本文作者:香港钢琴教师)

我的恩师范继森先生

石中光

范先生是我的恩师,1948 年我考取上海国立音专钢琴系后,就开始跟范先生学琴,一直到 1954 年从上海音乐学院毕业,从未间断过。那时学校校址在江湾,学生们都住校,范先生虽家在上海市区,但学校有他的宿舍,因此基本上和同学们生活在一起。

俗话说"一日为师,终身为父",在校这么多年,范先生和我朝夕相处,情同父子,从这个意义上说,范先生就是我的父亲,而且事实上真正引领我走上音乐道路的,恰好是我的两位"父亲",一位是家父石人望,一位就是恩师范继森。

今年恰逢范先生诞辰九十周年,对于年逾古稀的我来说,很多事情已经淡忘,唯有和范先生在一起时的情景,至今仍历历在目,可惜我不擅长写文章,本来很生动的一些事,到了我的笔下,就变得平淡、无趣,能力如

1954 年石中光毕业音乐会与范继森合影

此,很是无奈,但我的一片心意是真挚的,还请大家包涵、谅解。

范先生是南京人,据说他年轻时游泳十分出色,成绩已达到"国手"水平,当时的南京市政府,曾希望他代表南京参加全国运动会游泳比赛,范先生因为要到上海去准备国立音专的考试,时间冲突,所以没有参加,这一点可能很多人不知道,但我和学兄王羽都知道。我之所以要讲这些,是因为游泳使我想起一件江湾时期的往事。

当年的江湾,东、西琴房之间有一条小河沟,沟不深,水仅齐腰,同学们常在练琴之余去沟里玩水,一次我和王羽突发奇想,叫同学去把范先生请来,范先生来后,我俩蹲在沟里,仅露头部,装作踩水的样子,说"这里水很深,范先生你可以跳下来试试。"范先生不知就里,按标准跳水姿势,一个猛子扎下去,只见沟底淤泥泛起,结果就可想而知了。

看到范先生被弄得满头满脸泥水的样子,同学们都大笑不止,我和王羽想这下糟了,范先生肯定会大发雷霆,狠狠地骂我们一顿,谁知范先生脾气好,知道我们是在和他开玩笑,起来后,嘟囔了几句,也就算了,最后连他自己也忍不住笑了,终于"赦免"了我和王羽。

范先生好"吃",这是大家都知道的,从"沙利文"(高级餐厅)到路边小摊,只要有好吃的,他都去吃,也带着我们吃,记得当时范先生家在铜仁路,有位保姆名叫腊弟子,烧得一手好菜,凡吃过的,无不津津乐道,一传十,十传百,腊弟子的名气在学生中流传很广,再加上范先生是出了名的好客,同学们(不光是钢琴系的,其他系的都有)一到周末,就"慕名"到他家聚会,先大大地饱餐一顿,解决口腹之欲,然后就开始神"聊",聊天聊地,当然主要还是聊音乐。其间范先生一些精辟的见解,充满智慧的评述,往往给我们留下极为深刻的印象,实际上等于在给我们这些学生上"集体课",同学们对此兴趣盎然,有时一聊就聊到深更半夜,大家干脆不走了,就横七竖八地倒在范先生家地板上,打通铺睡觉,这样的"物质"和"精神"双重聚会,至今令人向往而难忘。

范先生有个外号叫"范丹诺夫",江湾时期的同学中有不少人知道,之所以这么叫,是因为范先生喜欢看前苏联文艺理论家日丹诺夫的著作,并且看得很认真,很仔细,师生们就送给了他这样一个"雅号",此外,他还喜欢涉猎人文科学其他领域的著作,是一位各方面造诣很深的音乐家。

范先生的艺术鉴赏力和艺术品位极高,对音乐有着一种与生俱来的敏感,他能正确地把握各个时期作品的风格,能对不同音乐的内容和形式做出具有说服力的诠释,在音乐处理上他一贯崇尚自然、大器,反对矫揉造作、自作多情,这一切我认为是范先生最值得钦佩之处,也是对我帮助最大的地方,一生受用不尽。

范先生教学效果之好,是人尽皆知的,由于他不懈的钻研精神,在解决钢琴演奏的一系列技巧问题上,更是有独到之处,他会用各种极具创意的办法来帮助学生解决作品中技术性段落里的难点部分,根据我的上课经验,范先生是采用"化难为易"(即分解难点)和"变易为难"(即增加难度)两种相反相成的原则来处理这些问题,经过他的指点,往往立竿见影,困难迎刃而解,效果十分明显,因此同学们在演奏上,特别在技巧上遇到难题时,会情不自禁地说:"找范先生去。"

范先生在教材的引进上,也颇具独创精神,早在上个世纪50年代初,他就开始将卡巴列夫斯基等人的作品推广作为教材使用,记得卡巴列夫斯基曾来江湾礼堂讲学,并亲自演奏他的钢琴新作。当他得知他的一些作品已被上音钢琴系采纳作为教材使用时,十分高兴,执意要和系主任范先生合影,我那时还是一个十几岁的年轻学子,看到两位大师在台上握手言欢、相见恨晚的情景,心中很激动,留下非常深刻的印象,至今都没有忘记。范先生还不拘一格将当时的作曲系学生汪立三的钢琴作品《兰花花》作为教材让学生弹奏,他慧眼识才,是名副其实的伯乐,汪立三正是通过《兰花花》的传播,被大家认识,脱颖而出,这样的例子不少,就不一一列举了。

范先生在当系主任期间,还力邀在法国的吴乐懿先生和在美国的夏国琼先生等"海归派"(当时还没有这样时髦的名词)回上音任教,大大充实了钢琴系的师资队伍,尽管范先生本人没有在国外留过学,但他决不"武大郎开店",一切以发展钢琴事业为重,他的这种胸怀,赢得了包括"海归派"在内的全系教师的尊重。

范先生为国家培养了很多青年才俊,当年洪腾在国际比赛中获奖,我印象中这是当时唯一的一名没有经过苏联专家指导,而由中国专家自己一手培养起来的国际比赛获奖者。

又如许斐平这一天才少午，在范先生的精心培育下，取得了惊人的成绩，那时我已在南京工作，每次回上海，范先生都要叫我到他家去听许斐平上课，当时正值困难时期，为了保证许斐平的营养，范先生将牛奶省下来，自己不吃，也不给儿子吃，就只给许斐平吃，范先生的爱才、爱学生，由此可见。许斐平也不负众望，一次为苏联代表团演出，他弹的是肖邦第二钢琴协奏曲，弹完后，苏联代表团全体起立，长时间的鼓掌并欢呼，高呼这是中国的"加加林"（当时苏联宇航员加加林刚刚从天外归来），情绪十分热烈，范先生本来想让许斐平去参加肖邦国际比赛，因年龄太小（不满16岁）不能报名，打算第二年年龄够了去参加，谁知第二年就开始了"文化大革命"，一切也就成了泡影，真是世事难料啊！前不久得知许斐平英年早逝（他出车祸前，来南京演出时，我们还在一起吃过饭），更是令我感慨万分，相信许斐平在天上一定会去看望范先生的。

范先生他热爱音乐，热爱学生，热爱钢琴教育事业，热切期望有朝一日中国的钢琴家、中国的钢琴作品能在国际舞台上大放异彩，得到世界的尊重，为之他付出了毕生的心血。他思想敏锐，视野开阔，既不唯"新"是从，更不故步自封，他为人正直、襟怀坦荡，一生光明磊落，从不趋炎附势，是一位个性鲜明的爱国知识分子。

今天对于这样一位为上海音乐学院钢琴系的建设和发展作出独特而巨大贡献的前辈，对中国钢琴教育事业产生重大影响的音乐家，我们理应隆重地纪念他，不忘记他，也就是不忘记传统，不忘记历史。

深切地怀念我的恩师范继森先生！

2007年2月

（本文作者：南京艺术学院钢琴系教授）

铭刻心中的教诲

——忆恩师范继森教授

莫嘉琅

　　在史无前例的"文革"中,得知我一生中最为敬爱的导师范先生受苦、受难、受尽折磨,最终永远离开人世,悲恸万分,不知苍天为何如此无情!范先生您走了,当时,远在千里之外草原青城的我,同样失去人身自由,无法为您送行,无法去您的墓前诉说心中的痛,无法去倾诉我的感恩之情,但时至今日,仍然永远挥不去对您深深的思念。

　　1950 年暑期在学姐刘庄的指引下,我从杭州到上音考生补习班,在短短一个多月的时间里得到了学姐、补习班的老师全如珑的精心指导。虽然我以较好的成绩考取了上音钢琴系,但我深知自己条件并不好,手小,基础薄弱,真是又喜又忧。入学后,学生可填报三个志愿选择主课老师,在学姐王珏、倪洪进、徐汝丹以及师兄王羽(当时他已是上音的青年教师)的指导下,让我了解到范先生不仅学识渊博、教学有方、善于钻研探索,且师德高尚、对学生热情负责,于是我就毫不犹豫地在三个志愿中都填上范先生的名字,终于如愿以偿,我被分配到范先生班上,这真是我一生中最大的幸事。

　　在上音本科我跟范先生整整学了六年(当时的学制是五年,加上土改政治运动延长一年),范先生对我这个条件并不好的学生尽心尽力,始终是那样的真诚热情,从技术训练到整体音乐素质提高,选择的曲目从巴洛克时代到古典乐派、浪漫乐派、近现代派,针对我的情况,将循序渐进与合理跳进相结合,为我设计了一整套的教学方案,可以说我真正正规学习钢琴之路是从这里开始的。在上音这个音乐家摇篮里,在恩师范先生的指导下,这是我成长最快、也是最幸福的六年。

　　范先生知道我基础薄弱,在技术训练上给我下了很大的工夫。他首先给我鼓气建立信心,教导我只要记得刻苦努力没有克服不了的困难,师姐葛蔚英十分用功,我便以她为榜样,每天坚持七小时以上的练琴,还觉得不够,还是觉得时间怎么过得这么快。

　　在技术训练上,范先生首先要求我每天一小时的音阶、琶音、和弦等练习,但他要求我不仅仅是机械地、做手指体操式地去熟悉各种调式的音阶,而是教我由慢至快、由弱到强,运用各种速度、变化节奏、多种力度以及不同的音色变化去练。例如:用 cresc.、dim.、*p*、*f* 以及断奏、连奏的方式去练,在练习的过程中,注意手指、手腕、手臂和肩部力量的整体配合,做到力度和音色的均匀。这样使我常常感到一小时的练习不仅不枯燥,而总感到时间不够用。他还给我设计了许多加强手指独立、手指力度、灵敏度和手腕臂如何配合的练习。例如他从大小皮西纳、玛格丽·朗的手指练习教材中为我选用一些内容,或者由他自己编写练习,并从我所弹的乐曲中的技术困难部分抽出来,分别编成各种练习。

　　他教导我,完美的音乐必须要有完美的技术来保障,并不断地教导我用"心(脑子)"去练,只有这样才能事半功倍。他循循善诱地教导我,不但要有坚实的掌关节、指关节,而且要做到肩、臂、腕的放松,他用辩证的观点说:"放松不等于松懈,紧张只是刹那间的紧张,触键后立即放松",要我认识到琴键是手指的一部分,是手指的延长。几年下来,我在手指的灵活性、力度和音色的控制、弹奏的均匀、准确度等等方面都有了长足的进步。我算是比较用功的,即使有时练琴长达近十个小时,即使在练习对我来说难度较高的曲目时,如巴赫的夏空、李斯特的一些练习曲、贝多芬的第四钢琴协奏曲时,我的手都从来没出现过伤痛,这应该归功于范先生科学正确的训练方法和悉心的指导。在教授车尔尼740至肖邦、李斯特的练习曲时,他根据我的不同学习阶段,结合多种技术课题,为我选择不同类型、不同性质的练习曲。他强调,技术练习要为音乐表现服务,特别是弹肖邦、李斯特等练习曲,掌握技术是为了很好地表现乐曲的内涵。范先生不仅为我设计技术练习的方案,还教我多听——听旋律、和声、音色的变化,多想——分析乐句和乐曲的结构以及音乐表达的内涵,这样让我在学习练习曲的过程中找到音乐的乐趣和美。

　　六年中,范先生为了让我更快地进步,全面地提高音乐素质,不仅为我"开小灶"(第一、二年级时,常常一周给我上两次课),那时他住在江湾上音教学大楼三楼宿舍,空时还常叫我去他的宿舍听唱片。曾记得在我弹奏莫扎特奏鸣曲和协奏曲时,他不仅让我听钢琴大师们的演奏,还让我听莫扎特的歌剧,从中学习莫扎特的风格,熟悉他乐观明朗的个性和他的音乐的戏剧性;在弹奏贝多芬奏鸣曲和协奏曲时,他不仅为我设计练习方案、解决技术困难,还让我听了施纳贝尔等大师演奏的唱片,听贝多芬的交响曲等等……有时他边听边讲,十分兴奋。我那时年龄较小,还不太懂事,有时晚上困了打呵欠了,他仍旧不知疲倦地讲解。

　　在演奏风格上他不仅要我心中充满热情,同时要求在表现上朴实无华,准确表达作曲家的风格和意图。例如,我在学习贝多芬第四钢琴协奏曲(作品58)时,他帮我分析体会此曲清新的风格和完整的构思,理解作品在充满柔和的浪漫音调中,在沉静中蕴含着雄浑内在的潜在力量,并让我多听多体会贝多芬同一创作时期的其他作品。范先生不仅善于因材施教,还多次鼓励我上演奏会,加强舞台实践,演奏会结束后他会与我一起进行总结。在演奏会和考试时,他会采取扬长避短的原则,让我建立演奏信心,而在平时,他却强调扬长补短,帮助我提高演奏技巧和表现能力。我庆幸我一入上音就遇到这样的好导师,他既是严师又是慈父,我始终认为,范先生不愧是我们国家最杰出的钢琴教育家之一。

大学毕业时我的理想就是做一名合格的钢琴教师,铭记范先生的教诲,尽自己的能力做好钢琴教育工作。我带着范先生送给我的最珍贵的礼物——硬盘唱片、乐谱,还有一些学习笔记(可惜"文革"中被撕毁和砸碎),选择了去内蒙古,希望在那里开辟钢琴教育的新天地。但是离开了范先生,我又好像失去了依靠,觉得还是学得太少,每逢假期,只要有机会,我会回上海,到范先生铜仁路的家中上课,把我前一阶段练习的乐曲弹给他听,请他指点,把教学中遇到的问题向他请教。他总会抽出时间无私地为我上课,还是那样热情、那样耐心。

我在一楼三角琴上上课,听到楼上大雷或斐平在练琴,才知道斐平有时会住在那儿。我得知斐平 12 岁小学毕业时就弹完肖邦的全套练习曲,还与交响乐队合作演奏肖邦钢琴协奏曲。范先生为了培养中国新一代的钢琴家呕心沥血、无私奉献的精神深深地打动着我。此后我又听说,范先生在"文革"中为了保护斐平,深怕因他而使斐平受到牵连,主动让斐平去批判他。为了下一代钢琴家的成长,他宁可牺牲自己,这是何等高尚的精神境界!范先生培养了新中国无数的钢琴演奏家、教育家,除斐平外,还有大雷、王羽、肖铭、洪腾……数不胜数。

范先生,弟子心中无数次地被您感动。弟子不才,没能做出多大成绩报答先生,但我也在此告慰先生的英灵,弟子尽力了,在内蒙古三十二年的耕耘中,我得到了师生们的肯定,在我国第一个教师节时,获得了自治区(省级)优秀教师称号奖,获得了全国优秀边陲女奖章,在回到您的家乡南京后,在南艺也获得了优秀教学质量奖,这是因为弟子心中永远铭刻着导师您的教诲。

2007 年 2 月于南京

(本文作者:南京艺术学院钢琴系教授)

忆范继森先生

倪洪进

　　我于 1952～1953 年在范继森先生班上修钢琴主课,是上海音乐学院的学生。此前,在短短的几年里,我跟随过几位主课先生。先是周广仁先生,1951 年她去北京参加青年艺术团,我就转到勃郎什坦班上。1952 年,勃朗什坦离开上海,改由范先生任我的主课老师,这也是我在上海音乐学院学习期间的最后一位钢琴老师,因为 1953 年我就被派到北京准备去莫斯科音乐学院学习。

　　虽然我跟范先生上课年头不长,但是对于我们学生,尤其是钢琴专业的学生,范先生确实是大家很熟悉的老师。他在学校住,他的身影常常出没在校园、球场。他还讲大课,为同学们讲练琴方法。记得他说过,练琴不可以

泛泛地一遍又一遍地"过"。他说他曾经听到教室里练琴的同学一个下午"过"了好些曲子,漫无目的,不解决问题,那不叫练琴。练琴要针对问题,真解决问题。他说到背谱,不可以顺手摸,要用脑子记。

　　学生中传说范先生是一位很严的老师。那时在江湾,我有一次走过西琴房,正好范老生在给王羽上课,听到范先生的声音真的是很大。我们几个学生都吓得不得了。但是过了一会,就又看见他和王羽在篮球场上打球了。在江湾

礼堂的师生音乐晚会上,我们还听过范先生为当时的声乐学生徐宜弹《我亲爱的》的伴奏。

上海解放前夕,地处江湾的上音常常可以听到吴淞口传来的隆隆炮声。当时留在学校住的老师和学生已经不多,伙食很差。八个人一桌,下饭的菜只有浅浅一碟酱油煮黄豆,没有什么油水。大家经常饥肠辘辘。那时范先生为电影《文天祥》配乐,拿到一笔稿费,他就用来买了许多美国军用的长方筒午餐肉和面包,请全校的师生员工吃。凡在校的人都可以到二楼阅览室外的大厅,免费领取午餐肉和面包。

我到范先生班上以后,发现他并不是像传说的那么"厉害",倒是他解决问题的思路十分活跃。记得对于远距离跳跃的准确性练习,他要我沿着抛物路线直接落到目标音。这样练习可以去掉不肯定性,做到既准确又有把握。在练双音时,他建议可以有时候练一练它的分解,而对一些分解的琶音,则要注意和声架构。凡此种种,都看出范先生着重智力的运用。

上了一段课后,我自以为对老师的要求已经做到八九不离十了,就开始有些松懈。有一次课上,范先生要我把已经练熟的舒曼协奏曲中的一段慢弹一遍,结果原形毕露。这正是自己课下练习不认真的后果。这件事给我的教训是,练琴时决不能马马虎虎,没有要求,否则不进则退。

我在一次候课中,了解到范先生的"厉害"。在我前面上课的那位同学弹李斯特的一首狂想曲。范先生要她回答,刚刚弹过的华彩乐句的起始音是什么音,又结束在哪个音上,一下子把那个学生问住了。范先生抓住了钢琴学生脑子滞后于手的通病。

范先生是一位爱钻研的教师,喜欢挖掘新教材。他曾组织过一次钢琴系的教研活动,安排我们那个年级的十来个钢琴学生练习同一个希曼诺夫斯基(Szymanowskyi)的升F大调练习曲,探讨弹和弦的力度和音色的变化。当时在中国,波兰作曲家希曼诺夫斯基还是鲜为人知的,而范先生已经向我们推介他的作品了。据我知道,范先生还是我国最早起用卡巴列夫斯基钢琴作品作教材的。不仅如此,范先生对中国作品更是热心提倡。原来学钢琴的江静同学改学作曲专业后,写了一首《红头绳》,要我视奏。范先生就让我在我院的公开演出中弹了这首《红头绳》。要知道在那个时候,我们除了《牧童短笛》、《花鼓》等外,还没有什么中国钢琴作品。1952年,上海音乐学院连日在文化广场举行音乐会,有合唱、声乐、器乐。我就独奏了《红头绳》和《野蜂飞舞》。范先生通过听电台转播的演出实况,认真地帮我提高演奏水平,改进次日的演出。记得他在听转播时,曾感慨地说,钢琴也应该学习足球节目中讲解足球比赛的做法,提高群众对钢琴的了解和兴趣,听钢琴也十分需要向群众作介绍和讲解。

1953年,我们上音的几个人,刘庄、徐宜、林应荣和我,北上到天津参加留学苏联的专业考试。当时正逢全国文化界的大会(可能是文代会),上音的几位教授也来到北京。我们曾经得到范先生、周小燕、谭抒真等几位老师的慷慨解囊,资助我们从天津到北京观看国庆活动。

1959年我从莫斯科音乐学院毕业回国,曾到上海铜仁路范先生家去看望他。范先生留我吃饭,还一起听了肖邦Op. 25 N. 3练习曲的唱片,并给我点出演奏者几次强调的是不同的声部。范先生还详细地询问我在苏联学习的情况。谈到我今后的工作。他建议我回上海音乐学院当他的助教。当时有一个八、九岁的小男孩,剃着小光头,胖胖的,范先生指着他告诉我,这是许斐平,是个有才气的小孩。可是我在回上海之前,已经接受了文化部的分配,只能留在北京,去中央音乐学院工作,不能回上音。这是我最后一次见到范先生了。

此后,我每得知范先生的后辈和学生为钢琴事业做出贡献时(范先生的学生洪腾教出李坚、许斐平得到世界的承认、范大雷教好了孔祥东……)眼前总会浮现出范先生的笑容。今天中国钢琴事业达到如此佳境,是离不开前辈的辛勤劳动和无私奉献的。

2007年2月

(本文作者:中央音乐学院钢琴系教授)

琴声已息意犹传

——缅怀范继森老师

吴慰慈

　　先生离开我们已经多年了，曾经的同学少年也都渐次鬓发斑白。回想当年在先生门下聆听教诲，还是在上世纪 40 年代，国立音专在抗战胜利后由重庆迁回上海的时候。

徐嘉生与吴慰慈(右)

记得先生授课的风格很是严谨。来"回课"的学生如果迟到了,过时五分钟不报到,踏进琴房常常就只见得到一件上衣搭在椅背上,先生已然抽身去了图书馆。领教了这一招小小的恼怒和警示,迟到者心里自是极其忐忑不安,下不为例也就不必说了。能考进这所多少人梦寐以求的音乐殿堂,国立音专那时的同学们多少也都有点年少气盛,但从先生授课的琴房,我也曾见有人被"凶"出来。一些沪语俗话里说"讲不起"的人,甚至哭着出来的也有。这让我在上先生课的时候也格外"战战兢兢",课后练习也不敢有丝毫松懈。还好从没在他面前弄到被"凶"出来的地步。

其实先生对学生的大爱实乃藏在一个"严"字的背后。对有天赋的学生他因材施教,对家境困难的学生他恨不得倾囊相助,当年在重庆不计酬劳徒步跋涉为育才学校音乐组的学生授课,更是中国音乐史上的一段佳话。我还记得当年一心痴迷钢琴的自己,即使学校放假也渴望得到指点,隔 段时间就会去哈同花园(今上海展览馆)附近先生的住处请教。先生总是不厌其烦耐心讲授。去的时候还总能见到太师母,老人和蔼可亲,把我们学生当自家孩子一般,见了我常常要拉几句家常。我名"慰慈",从小家教就是对老人需敬爱,又因了我这点"乖",太师母很是喜欢。

如今我也从事钢琴教育多年了。孩子们叫我老师的时候,我常常会想起先生。

先生注重基本功的训练,这一点也大多被他的学生包括我所继承。可是他也不因此抱有纯技术偏见,始终强调音乐自身是最重要的中心。在音乐表现上,他喜欢亲自示范演奏。我还记得从前,他如果听到我某一段或某条曲目弹得有欠缺,别的不会多讲,首先会连声说:"起来,起来,起来。"让我站起来,而他坐到琴凳上,开始示范演奏。"以心聆听","用耳朵去学习",现在也是我在教学中最重视的一个理念。在布置功课时,特别是对年纪小一点的学生,我会弹好几首曲子,让学生自己选择喜欢的那首来练习。我希望孩子真正听出琴声的美,心中自然就会埋下一颗爱音乐和懂音乐的种子,再辅以好的习惯和扎实的基本功,这颗种子就会慢慢长成一棵美丽的大树。

十年树木,百年树人。先生教琴也教学生做人。现在,我和我的许多学生已经是几十年来彼此牵挂,亦师亦友;还有一些学生,曾经家里条件拮据的,曾经遭遇变故的,他们常说感谢我坚持授课婉拒报酬。他们不知道,在我心里,这其实也就是我对先生的一个特别纪念。我只是先生门下缤纷桃李园中一朵微不足道的小花,但是吾愿亦同先生之宏愿:愿天下有更多爱音乐懂得音乐的人,愿他们都得到更多更好的指引。

2007 年 3 月

(本文作者:钢琴教师)

识才、爱才、育才的范继森教授

叶慧芳

范继森先生是我心目中最敬仰的师长之一,他的一生都献给中国钢琴事业,不图名,不图利,一旦发现人才,就尽一切能力加以培养。他的学生受益于他的教导,继承他的教诲,像种子一样遍洒在世界各地,发挥各自的作用,我也是其中一粒小小的种子。

21岁时我是上音钢琴系的一个小助教,当时范先生是系主任。短短的接触中,我发现范先生与众不同,虽然不是师哥,但他那豪爽豁达的个性,不

拘小节的气质深深地吸引了我,我决定一定要想办法求教于他。首先我经常到他家听他给学生上课,然后得寸进尺地请他给我上课。他爽快地答应了。我是李嘉禄教授的学生,李先生给我极大的帮助,帮我解决了很多问题,如触键、用力、放松,以及如何表达音乐内容等等,我非常感激他。但年轻人有种好奇心,想了解其他老师的教法,而范先生并不因为我是李先生的学生而拒我于

门外,他像对待自己的学生一样对待我,不仅指出我弹奏上的问题,并且用各种办法帮我解决,使我意识到作为一个老师不仅要敏锐地发现学生的问题,而且还要有创造性地帮助学生解决问题,这两者缺一不可,使我得益匪浅。

在他家我遇到了一批有才能的学生,王羽、石中光、洪腾、林玲等,范先生在教学上有很多独到之处,他虽然没出过国,是个土生土长的钢琴教育家,但他不保守,不故步自封,善于吸取他人的优点,跟他上课有点突然开窍、立竿见影的效果,多么聪明的一位老师!

这里我还要提及他与学生的关系——亲如父子。范先生上课从来不算时间,到了吃饭的时间,徐嘉生先生就会准备一桌菜,把我们全留下来吃饭。记得其中一盘榨菜炒肉丝最受欢迎,也是每次必备的。我们这些学子每次也毫不客气地扫个精光。那时大家都没什么钱,但过得非常开心,像吃山珍海味似的非常入味。有时家中没准备菜,范先生就会掏出口袋里所有的钱说:"我们到外面去吃。"他有钱时还会请我们到他喜欢的"梅龙镇"吃饭。

我又想起英年早逝的许斐平,范先生以伯乐的慧眼,爱才如爱命,从鼓浪屿招来了这位神童。那时许斐平还是小学生,个子小小的他,却充满了灵气、才气。范先生带他到家中上课,怕他长不大(学校伙食差),常把自己的鸡蛋、牛奶省下来给他吃(当时物质条件很差,这些食品已是十分珍贵的补品了)。在艰难时代,这种无私的师生关系和精心的培养使我意识到,在一个钢琴家成长的道路上,除了本身的天赋外,最主要的是要有一位好老师的引导。范先生就是这样一位老师,他绝不会让任何一个有天赋的学生被埋没。

范先生辛苦一辈子,把全部心血灌注在学生身上,为学生的成长深思熟虑,这种奉献精神使他在中国钢琴教育发展史上起着举足轻重的作用。

范先生,你永远活在我们的心中。

2007 年 2 月于南京

(本文作者:南京艺术学院钢琴系教授)

基 础 为 根 本

——我随范先生学琴的体会

王叔培

我是 1950 年考进上海音乐学院的。原在盲童学校学的钢琴,该校是一个教会学校,每天要做礼拜唱圣诗,非常重视音乐课,我在那里学习了几年钢琴。

进了音乐学院后,首先要选择授课老师。当时我非常担心:似我这种双

后排左起:胡兰儿、李明明、王佩贤、娄有辙

前排左起:刘　斐、徐嘉生、洪　腾、王叔培

目失明、特殊情况的学生,有没有老师愿意带教。而后在同学们的推荐下,我选了范继森先生。事后我也听说了其他有些教师表示像我这类学生没把握教好,而范先生当时就拍板同意执教,收下了我这个学生。

记得上第一堂课时,我弹给范先生听的是肖邦的升 c 小调即兴曲,当时我自以为弹得还不错。谁知范先生听后连连摇头,并给我泼了一盆冷水:"你没有弹好,手指根本就不会动。从现在起,所有的曲子都放下,就训练手指。"同时,他给我编了一些手指练习,要求我每天练习四个小时,每组练习弹一百遍。就这样,我足足弹了三个月的手指练习,虽然枯燥,但对我手指的灵活性及手指的力度有了很大的帮助。当三个月的手指练习完成后,范先生又让我从较浅的车尔尼 849 练习曲的第一条弹起,直到寒假后,才布置我弹了一首莫扎特的 G 大调奏鸣曲。

我在范先生班上学习了三年,给我体会最深的是范先生对基础练习的重视,他认为一定要把基础打好,才能有更好的发展。

在这三年的学习中,让我终身受益的是:范先生着重纠正了我弹琴时的两大毛病,一是弹奏时手指容易碰到其他音;二是当弹奏跨度较大的音时,我会习惯性地用手去摸琴。为此,范先生又编了许多练习,让我反复地去练。如在黑键上用弹白键的指法弹奏音阶,又如为了熟悉键盘的位置感而编的快速的十度练习等,通过这些练习,使我的这两大顽症得到了很大的改正。

范先生虽然在上课时对我的要求很严格,但在生活上对我却非常关心。记得在土改期间,我是到范先生家中去上课的。每次课后,范先生都会把乘公交车的车费,交给陪送我去上课的同学。

范先生虽已去世多年,但我们这些曾聆听过其教诲的学生仍然十分怀念他,缅怀他对钢琴事业作出重大贡献的一生。

（王叔培口述　李　诺整理）

2007 年 3 月

（本文作者：原上海音乐学院钢琴系教授）

思念范继森先生

肖　酩

尊敬的徐老师：

你好！虽然我很少与你联系，但因范先生与大雷的关系，常在记挂中，值此春节向你拜个年。

我已年过七旬。人到了这般年龄，常会不自觉地将自己数十年的经历梳理一番。我深感自己在上音当学生的六年（其中休学一年）和留校任教的三十年中，有两位老师对我影响最大——范继森先生和吴乐懿先生。我这样说是因为范先生在我的音乐生涯中，数次替我"开绿灯"，送我走上平坦的道路：一，是他把我招到上音；二，是经他教诲一年；三，是他亲自将我安排到吴先生班上。

每当我想到范先生，就会想起他那爽朗的笑声，宽宏大度而直率的性格和艺术上容纳百家的气度。尤其是他在事业上的不断探索，使钢琴系成为当时上海音乐学院甚至全国的一块金字招牌。除此之外，我更怀念他独特的个人风格和当时学校中那种浓厚的、富有人情味的气氛。

记得1953年我高中毕业，范先生到广州招生。考试在六榕寺进行。考试的要求完全按照全国艺术院校的标准（考试章程我还保留）。因此我弹了巴赫《法国组曲》第五套、两首车尔尼练习曲（作品740）和贝多芬奏鸣曲。我以前学琴是非常业余的，凭兴趣而已，更谈不上每天练琴。而且高三那年根本未碰过琴。为了应付考试，我临阵磨刀，结果可想而知。不过当时年轻胆大，弹车尔尼练习曲作品740的第15首时，两只手竟然不是同时结束的。听完曲子后，接着考节奏。范先生用一个小棍敲打一个长句的节奏，要我模仿。我从未受过这种训练，就急中生智，心里数着他敲了多少下，再凭感觉按快慢敲出来。敲完后，范先生说："你是碰巧，再敲一遍。"我心想这老师真厉害，怎么知道我是碰巧敲对的呢？最后范先生要每位考生都伸出手，把手指张开给他看。我不等他叫到我，就把手伸到他面前。但是他将我的手推开说："不用看！"当时我很纳闷，他为什么不看，进校后我才听说，他很看中手大的男生，因此

范继森与李志曙、姚继新在广州招生时留影

我相信这是我的有利条件。我被录取了，这就是我与音乐的缘分。范先生让我一辈子从事音乐事业，别无选择。

范先生在那个阶段是相当强调重视技术训练的，因为在我还未正式开始在他班上学习时，他已经给我做训练手指的练习了。但我在范先生的班上仅待了短短的一年。1955年暑假他告诉我："下学期我要当系主任，系里要我减少教学量，因此决定我只教毕业班，非毕业班的学生要转到其他老师班上去。"所以他就把我安排到吴乐懿先生班上。范先生最后讲了一句使我永不忘怀的话："假如我好好教你，你会弹得更好的。"像这样一句从老师口中讲出的、像是"自我批评"的话，直到数十年后的今天，我都不知道哪一位老师（也可能有）会这样谦虚地对学生说。可见范先生的人品和师德的高尚。其实我在心里感到很内疚，我本该让范先生更满意的。问题并不在于他，而是我，当时并未把全部心思放在主课上，主次分不清楚。当时我替八位管弦与声乐的同学弹伴奏，又要弹作曲系同学的新作品，还因为黄晓同留学苏联，我顶了他的位置，在学校的乐队里打定音鼓。后来范先生知道

了,说我太分心,一定要我将乐队的工作停掉。他明明知道我不能专心练琴却不怪我,而将责任往自己身上拉,真使我羞愧万分。俞家瑛多次提到,在她从范先生的班上转到另一位老师的班上后,若是技术上、演奏上有问题,还会再去请教范先生的。而他还是一如既往地热心讲解分析,毫无门户之见,真是令人尊敬。所以每当我想起老一辈的老师,便感到自己的不足。他们的学识、经验、人品,永远值得后辈学习。

我们很多人并未听过范先生的正式演奏,但他曾告诉我,他在重庆演出时是经常独奏的。有一次弹肖邦第二首谐谑曲,因为演出过多次而有些大意,没有充分准备好就上台,结果未弹好,心里就此有了负担。我们都说范先生是一个绝顶聪明的人,以为他靠在躺椅上闭着眼睛就能想出办法来。不过我认为,假如没有他前期的实践经验,就不会有他后来卓越而行之有效的教学办法。同时他的才能是多方面的,他让我弹过他本人改编的岳飞《满江红》钢琴曲,很有气势。其中有很多的八度技术与舒伯特的歌曲《魔王》的钢琴部分很相似,效果很好。不知现在谁还会保留这份原稿?

记得在1961年,学校钢琴系为了贯彻"大、中、小一条龙"的方针,从大学部抽调部分教师到附中,又从附中抽调部分教师到小学部,为的是加强附中及附小的教学力量。范先生在这方面做了很多工作,为了提高附中的教学质量,他于1961年11月11日亲自到附中和教师们开座谈会。他针对当时附中钢琴学生的情况及老师们在会上提出的教学上的问题,谈了他的看法。我至今还保存他与附中钢琴老师开座谈会时的发言摘要,主要是讲如何训练技术的。当时已可看出,他提倡的并非纯技术观点,而是要与心里的音乐联系起来。范先生对于从基础阶段就培养钢琴人才是有一套办法的,不知是否这样才促使他产生了"大、中、小一条龙"的设想和具体的实施?现在我把他的话略作整理,尽量将他的主要观点归纳一下,当然这并非代表他的全部观点。在教学上遇到的问题很多,范先生在会上说的只是他的部分观点而已:

1. 对于初学钢琴的学生,高、低指都要训练(高指是相对而言,手指抬多高,要因人而异)。练习时首先应当把音量控制在同一个水平上,之后再作变化。初学者常会在音的长短、轻重和音色上不平均,这一切都是因为不会很好地控制,练琴就是要掌握高度控制的能力。

2. 当时附中的学生普遍存在着手指基础较差、手指独立性不强的问题,这样快速弹奏时就会不干净,不清楚。手指弹不清楚有多种原因,一般来说,当乐曲要求整体速度快但手指个别动作快不了时,要放慢整个速度练习,做抬高手指快速下键的训练。手指抬不起来,弹 non - legato 就很困难。如果经过高指训练的手指感觉仍不够好,就有可能与手指放的位置不对有关,也可能与指尖站不稳有关。指尖站稳是基本要求,否则手部的力量传不下去,手指也就没有感觉。

3. 应当认识到手指的感觉与心理上的感觉是联系在一起的。改变手指笨重的状况,须从基本练习做起,光靠弹奏乐曲是不能解决的。可以先用练习曲训练,若不能解决就大量练习音阶等,若还不成就做五指练习。有时通过五指训练,速度虽然提高了,但到了弹奏乐曲时手指仍然跑不快,这就是脑子的反应有问题了。对于这样的学生需要慢慢引导。他们若不能自如地弹快,那是既有肌肉紧张、也有脑子紧张的问题,所以不能要求他们立即弹快速,而要逐步地增加速度。同时也要注意慢练与快弹时的方法要一致,这样才能解决快速弹奏时的问题。

4. 我们讲基本练习,这是一种笼统的说法,应该说它包含的范围较广泛,要把音色、音阶、琶音、复调……以及为技术困难段落而编写的练习都包括进去,这样对学生各方面的要求会更加全面。基本练习也应与练习曲和乐曲联系在一起。但要小心不要让同学注意的东西太多,太多了学生会搞不清楚。还有每个人的情况也不尽相同,不同的年龄,不同手的条件等等,对于技巧的适应性也不相同。所以对不同的学生,练基本练习的份量也不应相同,甚至有些学生可以不弹。老师也可为学生编练习,不一定要按乐谱。

5. 基本练习要从简单的着手,从最关键的着手,一定要循序渐进,而且要有正确的练琴方法。基本练习最好能与乐曲配合,避免枯燥。一般来说,乐曲、练习曲和基本练习三者结合在一起较好,但因每个学生的条件不同,侧重面亦可不同。

以上是范先生四十六年前表达的看法。今非昔比,现在上音附中学生的业务水平有了很大的飞跃。这种进步与老一代钢琴教育家的辛勤劳动和真知灼见是分不开的。范先生的教学见解使很多人直接或间接受益,影响深远,他对钢琴事业的发展功不可没。中国钢琴界应当为有这样卓越的人物而自豪。

　　从1953年到今天已过去半个多世纪,若说时间长是因为世事变化实在大,而且有很多我们再也找不回来的东西;若说时间短是因为范先生虽然去世多年,而他鲜活的形象仍深深地留在人们脑海中,仿佛他仍活在我记忆当中。我不知他的确实年龄,该有90高龄了吧,今天我写此信,只想诉说一点我很有感触的事,和你一起缅怀这位受人无比尊敬的前辈及珍惜那美好的时光。此信从春节前开始写的,因琐事太多,断断续续写了多天,谨谅!

　　祝你身体健康! 生活愉快!

学生　肖　酩敬上

2007年2月于加拿大

(本文作者:上海音乐学院附中原钢琴科副教授)

缅怀亲切可敬的范继森老师

韩铣光

　　1951 年暑假，我是从泰国归国的华侨学生，在广州等待报考学校。一天从报纸上看到上海音乐学院在广州招生的消息，于是抱着试试看的心情去报名。考试那天我一进考场，主考范继森就问我："什么专业？"我说："我会吹小号。""好！那你的乐器呢？"我说："没有。"在场的其他考官都表示会心的微笑。但是范老师却不假思索地请工作人员到广州歌舞团去借了一个

小号来给我,于是我拿起小号即兴地吹了一大段"即兴曲",可能是吹得太长了,被范老师叫停。然后他在钢琴上弹出三个和弦。我说:"我不懂。"后来范先师改变要求,只要我讲出三个和弦中哪一个和弦与其他两个和弦不一样,效果有什么不同。实际上就是两个大和弦,一个小和弦,这样反复地考了我几遍,然后拿出一本法国的视唱教材,翻开其中一页,叫我试唱。我说:"对不起,我不会五线谱。"范老师思索了一下,说:"你唱一首歌吧……"这样我的入学考试就结束了。最后范老师只说一句话:"五线谱是死的,到了学校再学。"

我简要地回忆叙述这段入学考试的经历,是想证明范老师对选拔学生苗子的思路和方法:

第一,我吹的是"即兴曲",在曲式和结构上肯定是乱七八糟的。但他看到我的发音基本方法和音色的优点。

第二,在听音上,虽然我讲不出音名,但我能辨别出和弦的变化和性质。

第三,试唱方面我虽然不识五线谱,但他从我的歌唱上听出我对音准、音程和乐感的反应。加上我有强壮的身体和天真淳朴的性格,所以范老师就破格录取了我这么一个"白丁",我才能有机会进入高等音乐学府,日后才能为我国的音乐事业奋斗!范老师改变了我一生的命运,

范老师这种选拔、考核音乐幼苗的思路和方法,深深地印记在我们心中,也成为我当老师后招生考核新生的思路和方法。在实践中证明了为选拔学生、培养学生起了很大的作用。

范老师虽然已离去,但他的思想和光辉形象将永远留存在我们心中,也将代代相传。

敬爱的范老师,我们永远缅怀您,敬爱您!

2007 年 3 月于上海

（本文作者：上海音乐学院管弦系圆号教授）

永 远 的 怀 念

——追忆我的恩师范继森先生

李其芳

1949 年新中国刚成立,中国的钢琴教育事业尚处在起步阶段。就在那一年,我开始随范继森先生在上海育才学校学习钢琴。当时社会环境百废待兴,学校的教学条件很差,范继森先生就是在那样的艰苦环境中,将自己对钢琴艺术事业的热爱,无私地奉献给我们这些学生。

在我的记忆里,范先生是一位虚心钻研、教学严谨、极富责任感的老师。当时中国的钢琴水平不高,与国外的交流也很少,但范先生所用的许多训练方法都是比较先进的。范先生十分强调手指基本功的训练。我记得他要求我用弹奏 C 大调音阶的指法来练习所有的大小调音阶,通过这种方法,使我的手指在提高灵活性的同时,也大大增强了对键盘的适应能力。我还记得,他要求我在钢琴上做各种乐曲的移调练习。甚至在课堂上,也会要求我将作品中的某一段,立即移到其他调上演奏。范先生很强调读谱,特别是通

李其芳(左)

过读谱来达到背谱的目的。他有时让我把一首较难的作品分成许多小段来学习，通过化整为零的方式，不仅使我较快地掌握一首乐曲，而且对乐曲的结构也更为明了。我很幸运，中学阶段的整整七年中，在弹奏上得到了全面而系统的严格训练，这种扎实的功底为我日后的发展奠定了坚实的基础。

1956年我中学毕业后，被派往波兰留学，这也是我一生的转折点。当时华沙音乐学院的著名教授杰维茨基(Zbigniew Drzewiecki)在听了我的演奏后，立即同意收我做学生，并对我说："你的技术训练得很好。"他让我把中国老师的名字写给他，因为他想邀请我在中国的老师参加肖邦国际钢琴比赛当评委。这件事情给我留下非常深刻的印象，试想，在当时由中国老师培养起来的钢琴家，能够跟上国际水平，那是多么的不容易啊！由此看出，范先生为此做出的艰辛努力和付出的大量心血，是常人难以想象的。

范先生身世坎坷，在他五十多年的人生旅途中，自己没有享过什么福。他所有的收入除了补贴家用外，几乎全都花在专业教学上。他个人收藏了不少唱片，平时一有时间，就会带着学生们一起听。在当年音响资料匮乏、演出观摩极少的情况下，这种聆听唱片的机会，实在是难能可贵的。范先生借助唱片，拓展了学生的视野，提高了学生的欣赏水平。在范先生的眼中，我们这些学生都是他的孩子，需要爱护，需要培育。而今回想起来，一个人在中学时代受到这样的无私关怀，一个人在需要关怀的时候得到这样的爱，对其人生的思考、对人性的认识、对世界的看法，无疑都会产生潜移默化的巨大影响。

我至今珍藏着一本1950年随范先生学琴时的乐谱。每每翻开细看，总令我感动不已。范先生那清晰而工整的字体，认真标注在每一个音符上的指法，仿佛都是范先生的音容笑貌，在我眼前闪动。范先生离开我们已近四十年了，今年是他冥寿九旬，经师易得，人师难遇，我们将永远怀念他。

2007年3月于北京

（本文作者：中央音乐学院钢琴系教授）

范继森先生钢琴教学点滴回忆

钟　慧

　　今年是钢琴教育家范继森先生诞辰九十周年，五十多年前我就是范先生的学生，他那强烈的事业心和高度的责任感，他那锐意创新、正直无私的人格魅力，他那学而不厌、诲人不倦、树木树人、示规示范的师德风范，令人敬仰。他那独树一帜的钢琴教学法，迄今都记忆犹新，令我回味无穷。

　　大家都知道，早在抗日战争时期，范继森先生就被聘到陶行知先生创办的育才学校里任教，培养了陈贻鑫、杜鸣心等杰出的音乐家。1949 年 9 月，上海解放初期，育才学校公开招收了一批钢琴"小弟子"，年龄都在 11～12 岁之间。范先生又应聘到学校来教课。除了老育才的曹承筠外，新生有丁

柬诺、方国庆、李其芳、姚世真、张育青、王立本、钟慧等人。后来又增加了江明惇。我们这些新生程度都很浅，都在车尔尼 599 和 849、小奏鸣曲的水平上。范先生每星期从江湾的上海音专来到四川北路的横浜桥给我们上课。育才的条件是很差的，范先生享有一个"最好"的琴房，实际上只不过是阅览室的一角，用布帘子隔开而已。在这儿我们接受了最好的、十分严格的钢琴教育。范先生在那里教了三年，直到育才音乐组合并到上海音乐学院附中以及少年班，这批学生才分流到其他老师班

上去。

当时除了弹一些传统曲目外，范先生还给大家准备了一本"红色封面"的谱子，我们称之为"红书"，那是专门练习手指的独立和伸张的乐谱。范先生教我们怎样把第一关节站稳，指尖如何用力。还让我们在琴盖上或桌面上把手指往上推进，再向后拉回。为了把大拇指练灵活，又教我们锻炼"虎口"关节活动的方法，即让大拇指沿着手掌画圈，尽量把圈画大，把大拇指伸张出去，这样虎口打开了，大拇指的机能也发挥出来了。这些练习为我们打下了深厚的"童子功"，并提高了我们的演奏技能。在人们印象中范先生的学生手指技能都是"顶呱呱"的，的确是这样的。那时候，我们已经能够演奏亨德尔的《快乐的铁匠》、达干的《杜鹃》、威伯的《无穷动》等等。1951年，在苏联乐谱进口前，范先生就教过我们弹齐尔品、卡巴列夫斯基的作品。苏联音乐家代表团第一次访问上海时，卡巴列夫斯基是代表团成员，他来到了上海音专。在欢迎会上，范先生叫我演奏了卡巴列夫斯基的《a小调变奏曲》，在当时是很不简单的事情，令卡巴列夫斯基非常高兴。据说这些谱子来自欧美，是范先生托朋友王允功先生用美元买的。多年后，我当了老师，也买了齐尔品的乐谱，才恍然大悟，老师的超前意识、创新精神以及不断吸收新鲜知识来丰富教学内容的做法，确实难能可贵。是范老师把我们这一群普普通通的孩子培养成国家音乐事业的优秀人才。1956年，他的学生李其芳被派往波兰留学，曹承筠被派往苏联学习竖琴，方国庆、江明惇弹得一手好钢琴。后来，李其芳成为出色的钢琴演奏家和钢琴教育家，方国庆成为国内著名的打击乐专家，江明惇成为民族音乐理论和作曲理论专家，并担任了上海音乐学院院长。可以说，范先生是桃李满天下。

范先生的教学特点是因人而异、因材施教。当时，我学习钢琴的自身条件很差，原因是"手小"，但范先生总是鼓励我说："世界上有这么多的作品，适合你弹的作品也有许许多多，恐怕一辈子都弹不完。"先生给了我勇气和信心。范先生根据我的特点，扬长避短，精心地给我挑选作品，除了弹奏斯卡拉蒂、巴赫、莫扎特等古典作品外，还弹奏浪漫派、印象派以及现代派的作品。范先生在处理乐曲时，是很有独到之处的。有一次我在外宾面前演奏了巴赫的《d小调协奏曲》，外宾称赞触键很有特点。因为范先生教我许多地方用非连奏(non-legato)的触键方法来处理,得到了很好的音响效果。在学习巴赫"离别"随想曲时,范先生为我选用了一个非常好的版本,演奏的思路很清楚。当时没有复印机,学习过后,谱子就还给了先生。多年后,我找到的所有版本都不能和先生的那个版本相比。听师母徐嘉生先生说,在"文化大革命"中,范先生的乐谱都被抄走了,真是可惜啊!

范先生的教学还有一个特点就是循序渐进、坚持不懈、持之以恒。

首先,他教我们用头脑去背谱。范先生把一个很长的乐曲根据结构分成若干段落,并编写了号码,要学生记住每个段落是怎么开始,又怎么结束的。上课时还要抽查同学,经过反复练习后,学生登台演出时就能避免出错。另外,他还要求学生在弹奏新曲目前,先把谱子背下来后再去练琴,这样就能用脑子理性地练习了。

范先生教我们,弹奏赋格时要分别练好每个声部。记得在漕河泾时,范先生就训练学生,弹赋格时有一个声部不要弹出来,而是唱出来,每个声部都要轮流抽出来唱。当然,这是很困难的,对我们来说是一种苛求。但练完后,脑子里对声部的进行就很清楚了。

关于"双三度"的解决办法:范先生教我弹奏肖邦 Op. 25 No. 6 时,首先对双三度作了前期准备,既是用各种指法在 24 个大小调上弹双三度音阶,又把双三度拆开用各种指法(45,45;345,345;34,34;234,234;12,12;123,123)快速弹音阶。此外,又选用车尔尼、克拉莫的双三度的练习曲加以练习。通过这些训练,使得演奏双三度的灵活性有很大的提高。右手的双音技术解决了,反过来,又集中学习左手伴奏。他要求我左手的伴奏弹得轻盈而富有节奏特点。和弦经过句的旋律要连接好,尤其是大拇指要"唱"出和弦上声部的旋律。这首练习曲,范先生让我参加过三次考试。日后,这首曲子成为我的保留曲目。

为了保证学生的学业不间断,每年寒暑假,范先生总会在他的家里给我们上课,经常是春节的初五就被叫到他家上课。在他下乡或者搞政治运动期间,他怕耽误学生的课,就采用大弟子带小弟子的方法来解决。例如请过当时还在上海音专上学的王羽来给我们上课,又请过上海音乐学院高年级的廖乃雄来给我上课,他给我讲解贝多芬奏鸣曲 Op. 110,我到现在都记得。

我也曾被派去陪刚来附小的许斐平练琴。当然,这都离不开范先生的指导。

　　总之,范先生的钢琴教学是科学严谨、一丝不苟的,他把毕生的精力贡献给了钢琴教育事业,真可谓"春蚕到死丝方尽"。我有幸在范先生门下学了十年的钢琴,这是我一生中最宝贵、最幸福的时光。他为我人生观的奠定、钢琴教学方法的建立,以及良好师德的形成,都产生了深远的影响。我毕业后有四十五年一直在中央音乐学院附中从事钢琴主课教学。在 2000年建院五十周年时,我荣获了学院的"杰出贡献奖"。我的成绩和荣誉应该记在范先生的功劳簿上,我要永远学习和缅怀我的恩师范继森先生。

2007 年 3 月于北京

（本文作者：中央音乐学院附中钢琴科教授）

范先生的教学经验让我受益一生

曹承筠

1947 年我在上海考入了由中国著名教育家陶行知创办的育才学校音乐组。不久，我很幸运地成了范继森先生的学生。当时育才学校的校址在上海宝山县余庆桥，老师们对教学非常认真。热心的范先生每星期要从城里赶到乡下给我们上课。

我开始跟范先生上课时，才弹车尔尼 599。过了一年多后，我就能参加当时学校组织的对外演出活动。有时是弹钢琴四手联弹，有时是弹独奏，进步较显著。这全得益于范先生辛勤的教导和科学的教学方法。1952 年院系调整后，我到了上海音乐学院钢琴系，继续师从范先生。

我觉得范先生教学中的突出特点是，重视对学生的基础训练。特别是在克服技术上的难点、提高学生的钢琴演奏技巧方面，是很有办法的。他不仅让我系统地练习音阶、琶音、练习曲，而且每当学习过程中遇到困难，他都帮助我进行分析，找到问题的关键和解块问题的办法。有时他还自编一些片断让你集中练习。所以我虽然学琴开始得不算早(9 岁)，但无论弹乐曲或练习曲，从未感到有什么难点是过不去的。这种分析问题，找出难点，集中训练的方法不仅使我钢琴演奏技术进步很快，而且使我一生受益。

1957 年我被派往苏联莫斯科音乐学院管弦系改修竖琴专业，当时我已经 20 岁了。而与我同级的苏

联学生都是从音乐小学、中学,起码学了七、八年以上的竖琴学生,我深感和他们有巨大的差距。但我毕业时是以优秀成绩毕业的。虽然我知道在技术基础上自己和苏联同学仍有差距,但能达到这样的成绩,除了有苏联老师和自己的努力外,范先生给我打下的扎实基础,以及我运用他的科学训练方法是起很大作用的。

1962年回国后,我开始在上海音乐学院管弦系任教,后又在附中、附小开办竖琴专业。回忆几十年的教学过程,范先生重视打基础,在技术上善于寻找关键和难点,集中进行训练的教学方法,对我的教学是起很大推动作用的。所以我的竖琴学生在国外学习,特别在基础训练方面,也受到国外专家们的高度评价。

在积累了几十年教学经验的基础上,我编著了一套《竖琴基础教程》,2006年已由上海音乐出版社出版。我的一切成绩都是和范先生的教导分不开的。虽然我改行了,但我可以告慰范先生:您热爱音乐教育事业的态度,以及科学的教学方法使我和我的学生们得益匪浅。

范先生,安息吧!

2007年3月

(本文作者:上海音乐学院附中竖琴专业教授)

范继森先生与东方行知钢琴学校

张育青

1949 年上海刚解放,我和钟慧、李其芳、姚世真、王立本等同学考进了陶行知先生办的育才学校,那时我们都只有十一、二岁,进校后由范继森先生教我们钢琴。第一次看见范先生的印象至今不忘,只见他又高又瘦,戴着

1993 年东方行知钢琴学校成立前参观校址
左起:吴小英、姚世真、×××、许斐平、徐嘉生、尤大淳、张育青、赵莱静

眼镜,十分严肃,心中不免有些害怕,可是范先生看我们人小,态度却很和蔼。进校才读了一个月,我就随表姐黄晓芬及表哥黄晓和到北京参加了人民文工团,后因年龄太小,毛主席要我们学好祖国文化,[①]所以又回到了育才,继续跟范先生学琴。

此时学校已由四川路横浜桥搬到塘沽路,后又搬到了梵皇渡路(现万航渡路)。范先生每次来要教一整天时间的课,记得当时还有曹承筠,以后还有江明惇等人,加起来共有十多位同学。范先生在一天的授课当中,会抽一点时间下楼去跟同学们一起打篮球,休息一会儿,我们在楼上看得好开心。有一段时间他因参加政治运动,怕耽误我们的学习,特意让他的学生王羽来代课。[②] 以后育才学校合并到少年班,后又成立上音附中,我和王立本被分到杨体烈先生班上,姚世真分到马思荪先生班上。以上是我儿童时代跟范先生学琴的事,当时年龄小不懂事,程度又浅,没能有意识地去学习领悟范先生的要求和精神,但是不知不觉,范先生在严格的教学过程中,逐步地为我们打下了学琴的基础。我现在都还能记得当时他为我们编的一些基本练习和让大家都要练习的一本"红书"[③]……正因为从小有这样严格的训练,以后在杨体烈先生班上我才得以顺利地学上去。

1993 年祖国处于改革开放初期,各地大兴民办教育,东方文化学院也在筹建之中。我和姚世真、尤大淳酝酿在东方文化学院中成立钢琴附中,以满足全国"钢琴热"中涌现出的大批琴童的要求和愿望。1993 年春正值范大雷逝世,他的同窗好友们以及范先生的学生们都在考虑怎样来纪念这对为祖国钢琴事业作出重大贡献的父子,也曾提到过要办一所传承他们教学思想的学校。于是,我们就在一起商谈办学之事,其中有范继森先生的夫人

---

① 1949 年 12 月,人民文工团接到任务到中南海怀仁堂演出,黄晓和小提琴独奏,我担任他的钢琴伴奏。演出后,黄晓芬带着我和黄晓和去见毛主席,问:是否可以让我们去苏联留学,毛主席看见我们年龄这么小,就说,他们现在还小,首先要学好祖国文化,我们将来会派大批人去苏联留学的。

② 几十年后,当我在办东方行知钢琴学校时,才知道,这种做法就是陶行知先生提倡的"小先生"运动。在"东方"十几年的办学中,一直坚持"小先生"制。

③ "红书"即匹什那的手指练习。

徐嘉生先生和从美国赶回来的钢琴家许斐平,还有记者周玉明和范大雷的同窗好友们:娄有辙、蒋为民、先小英、颜燕等。他们先后多次来我家共同商谈,还一起去行知中学看过校址。我们都深感范先生在中国钢琴史上的地位与作用,一致同意这个学校应以范继森的名字来命名。后因某些原因,这件事没有继续下去。我们还按原计划在东方文化学院中成立钢琴附中,于1994年9月10日正式开学。半年后,全国陶行知研究会会长方明同志来我校参观,他很欣赏我们的办学方式和学生的汇报演出,觉得很有"陶味"。他知道我是从育才出来的,校址又选在陶行知办学的地方,便建议我校更名为东方行知钢琴学校,后得到宝山区教育局批准。为此上音老院长贺绿汀还亲自为学校书写校牌。

如今我校(东方行知钢琴学校)是以陶行知先生的名字来命名,我深感意义重大,要进一步学习陶先生的思想,了解他的办学过程。记得一次我和吴乐懿先生一起去看望贺绿汀院长,他告诉我们在重庆抗日战争时期,陶先生请他去育才学校担任音乐部主任,他就把范先生请去教琴。在那个年代要跑到离重庆100多里路的合川县草街子古圣寺去上课是很不容易的,交通十分不方便,先要乘轮船,上岸后还要步行十几里路才能到达。贺院长有一次去上课坐轮船遇险,差一点丧命,与贺院长同船的另一位同学因不会游泳而不幸牺牲。所以每一次去上课不仅要有不辞劳苦的精神,甚至还要冒着生命危险。范先生每一次去上课都要教23位学生,一教就是两整天,而且是没有任何报酬的。范先生就是在这样极其艰苦的条件下坚持教了好几年,培养出一批著名的音乐家,如陈贻鑫、杜鸣心、杨秉荪等人,听贺老讲起过去的历史,我们对范先生肃然起敬,深感范先生的人格伟大。

当东方行知钢琴学校办出一些成绩之时,我的老师,也就是陶先生的优秀学生、中央音乐学院指挥系副系主任陈贻鑫教授来到上海,参观了我们学校,他再一次讲起了小时候在重庆育才时,范先生如何教他们学琴的情况,他要我们学习范先生的精神,培养好下一代,他要同学们珍惜现在的学习条件,好好学习。

范先生把一生都贡献给了钢琴事业,无论是在战火纷飞的年代,还是在和平的年代。一批一批的学生得到他的教导,走上国际舞台,走上领导岗位或工作岗位。正当他的理想得以展现时,"文化大革命"夺去了他的生命,他的儿子范大雷又过早地离开人世,这真是一场人间悲剧。

　　值得庆幸的是,范先生的学生们现在还活跃在世界各地和祖国各地,他们是永远不会忘记范先生的。范先生的教学思想得以传承,我们东方行知钢琴学校就是最好的例子。在我校的教师队伍中,绝大部分是范先生的学生或学生的学生。比如:尤大淳师从范先生直到大学毕业,他是最纯正的继承人,他的教学成果斐然,而他总是说:"我的一切都是范先生给的。"张育青和赵晓生都是范先生的学生,到学校来教过课的周薇是范先生的学生,姚世真跟范先生学过,王建中也跟范先生上过课……第三代的学生有罗霄,她是尤大淳的学生,周挺是范先生的儿子范大雷的学生,江晨是范先生的学生汀明惇的女儿。总之,我们这些人都是范先生的学生,又是现在学生们的先生。通过这次纪念活动,我们要把范先生的思想和精神传承下去,把范先生的教学理念发扬光大。我们办学的人,更要学习范先生的精神,把学校办好,为祖国培养出更多优秀的钢琴人才!

2007 年 3 月 8 日

(本文作者:东方行知钢琴学校副校长,

上海音乐学院附中钢琴科副教授)

重洋万里祭师

朱凯琳

　　在一所普通初中就学时,经该校一位老师的介绍,我成了范继森先生的校外钢琴学生。那时的我,大约只有十二三岁,非常腼腆。每次去铜仁路范先生家上课,总是怀着敬畏的心情。先生上课时一向很严肃,从不说任何题外话。偶尔因琴课回不出,就会被罚到楼上亭子间去练琴。每次上课,先生还要检查上次课后自己所作的笔记。虽然我并不算是个好学生,但的确在

朱凯琳(左)、徐嘉生(中)与范世震

名师的指点下,木瓜开窍,从被动学琴到进入状态,有过一个"质"的飞跃。正在继续往前进展时,一日,范先生对我说,他因是系主任,所以在四清运动中不能再收私人钢琴学生。记得那时听见此番话,我立时发呆,泪珠刷刷地滚了下来,一言不发,很是痛心的样子。先生见此情景,停顿了许久,拍拍我的肩膀说:"这样吧,我不收你的学费了,以后每两周来上一次课吧!"破涕为笑的我,就一直免费跟先生上课,直到1966年"文化大革命"。这份恩情一直深深地埋在我的心里。在那个年代里,我只有在两个地方见得到范先生:一是去上课;二便是在政协文化俱乐部的游泳池里。在游泳的时候,我才看到范先生轻松愉快、平易近人的另一面。"文革"初期,大字报满天飞,在这个时期我是第一次、也是最后一次去了铜仁路范先生的家,并在他家门口贴了一张无关痛痒的大字报。借着贴这张大字报的时候,就不会有别人再来贴再来闹了。其实在那个年头,家家都自身难保,互不往来,但人心都还是常常牵挂的。在我小小的心灵中,范先生严谨认真的教学作风和刚毅谦和的为人,始终是我的楷模。"文革"末期,我去了北京的高等艺术院校,以后又来美国深造及立足,范继森先生在我少年时代打下的钢琴基础和做人的榜样,够我一生受用。

一个良师,他无形中种下的种子,也许连他自己也不知道将会有什么收获,也从未曾期望过有什么收益。可是他却给了这颗种子一个机会,使它在成长的过程中,因根基的扎实而长得叶茂。如今我也是一甲子人了,可是,儿时的情景却从未淡忘……

泰山日落,北斗星沉,心杳一瓣,万里祭师。

谢谢您,我永远敬重的范继森老师!

2007年3月寄思于美国加州

（本文作者：旅美钢琴教师）

至人至乐，至情至性，至美至爱

——纪念恩师范继森先生九十冥寿

廖乃雄

亲爱的范先生：

在您生前，我从未给您写过信，如今与您不仅存在万里之遥的距离，更有着生死之隔，却来给您写信，似乎有些稀罕；这是由于"天时——地利——人和"条件的变迁与允许，由于近年来不时在梦中见到您，只恨那"见面"过于恍惚与短暂，如今适逢您的九十冥寿，万千感慨涌上心头，才不得不提笔给您写信。

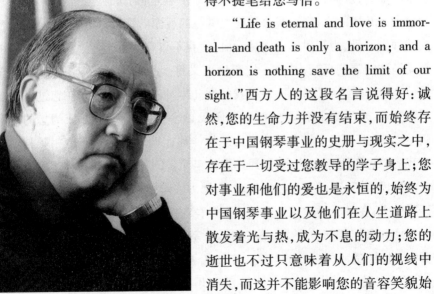

"Life is eternal and love is immortal—and death is only a horizon; and a horizon is nothing save the limit of our sight."西方人的这段名言说得好：诚然，您的生命力并没有结束，而始终存在于中国钢琴事业的史册与现实之中，存在于一切受过您教导的学子身上；您对事业和他们的爱也是永恒的，始终为中国钢琴事业以及他们在人生道路上散发着光与热，成为不息的动力；您的逝世也不过只意味着从人们的视线中消失，而这并不能影响您的音容笑貌始

终活生生地呈现在他们的心底而永不消失。

作为您的弟子之一,我在1954～1966年间得到过您长期的教导和培养,那对我终生起着巨大的作用;尤其在我于钢琴系任助教的1958～1966年间,您与我朝夕相处,经常同出同归,也同呼共吸般地为钢琴系工作的成败欢乐或懊丧。您随时随地为我上课、指点,并与我像亲友般地交往,像亲人般地关切,甚至经常当我身穿棉衣或打着赤膊在斗室中埋头练琴时,也会出现在我的背后,用哈哈大笑声打断我的琴声,紧接着拉我去外面的浴室沐浴,当然永远由您会钞。您也经常带我进入像我这样小小的助教不能进入的"文化俱乐部",为的是去游泳或打牙祭,从而使我真正地学会了游泳,领悟到游泳的奥秘同样在于学会放松,与弹琴的奥秘一脉相通。

从50年代中开始,是您使我从一个钢琴基础甚差的作曲系学生,变成始终师从您进修琴艺的钢琴系主课学生与助教,在60年代初更作为"范氏教研组"的成员,为期数年力求总结您的教学成就与经验,那也是系支部书记规定给我的工作之一。是您使我从琴盲变成琴迷,从十足的钢琴门外汉演变成至诚的献身者,为钢琴艺术献出了我年华的大部分岁月,尽管成不了一个好的钢琴演奏者,却能从中得到无穷的乐趣,并通过钢琴弹奏深入音乐艺术的殿堂,从而几乎延绵不断地以钢琴教学为业了此一生;这一切都得感激您为我开拓的道路、对我进行终生受益的教诲。您以东方式、而绝非封建式的师生至爱,为我付出了大量心血,使我不仅得以端起这一"饭碗",更能享受圣洁的琴艺真髓,并在一定程度上又将从您处得来的至乐(yue)和至乐(le)继续传给后代分享,包括我的女儿廖冲;遗憾的是:她在您过世后才成为琴迷,才显露出钢琴的才能,否则我必然会将她交给您,成为您的得意门生之一,而不至于如今只能作为您的徒孙在钢琴艺术的天地中驰骋。您对我的恩惠不限于琴艺,而更通过您长年无言的身教,为我树立了做一个至人的楷模,使我得以至今以您为表率,竭力去学做一个真实的人、单纯的人、透明的人;在如今的地球上要做到这样,实在已太不容易。

您和我们任何一个人一样,都不是完人,但您确实是一个至人:能达到真实、纯洁、透明的境界的至人。正如庄子所说过的"不离于真,谓之至人"(《庄子·天下》),"得至美而游乎至乐(le),谓之至人"(《庄子·田子方》)。作为这样的至人,您毕生追求琴艺的至美境界,从而您能生活在音乐的极乐世界中;您毕生生活在我行我素的自由王国中,从而您能乐观、达观地对待人生,因此您是一个真是不虚的、能够"游乎至乐"的至人。

您给我最初的印象,始自1951年上音师生在皖北"土改"的时期:您不像我们作为"土改工作队员",而只作为一名"参观者",只带着一把牙刷就在各个村落间自由地来去,和我们一起躺在草垫上过夜,一起以吃红薯为主粮,而您作为一位大教授却和我们师生有说有笑、打成一片,使我立即感到您是一位真实不虚的、没有任何架子的、可亲可敬的老师,是一个无比真挚和自然的人。此后与您在一起十多年,从来听不到您说半句虚浮的大话或干一件违心的事。您始终操着地道的南京方言,散发出泥土的气息。您曾经对我说过:您在解放前的上音求学时,就属于"土"的,因为您虽然也曾短期师从过外籍教师查哈洛夫和华丽丝,但既未留洋,也不够洋化,主要靠自学成才,生活作风也"土"得很,与当时钢琴系的许多学生迥然有别。我想:您真称得上:"不改浑身乡土气,中华自有好男儿"。您的为人和您的发言一样,永远直率、豪爽、简单、明了,直来直去,从不掩饰而中肯;您爽朗的笑声,往往不顾场合、不怕音量过大,但却充分流露出您内心的至诚与至乐。您早在抗战期间,即曾为抗议、拒绝为最高权贵吃饭时奏乐,而表现出艺术家高度自尊、自豪的高尚品格。1952年,我翻译了一些前民主德国纪念贝多芬的文章,您不耻下问地拿来看,并为皮克总统和苏联作曲家肖斯塔科维奇等人充分肯定贝多芬等古典音乐大师及其音乐,一反盲目批判那些西方"资产阶级"音乐家的"左"派论调而深感欣慰。您在钢琴系始创应用卡巴列夫斯基作品为教材的先例,也绝非赶"向苏联老大哥学习"的时髦,而完全是以音乐艺术、以钢琴文献的艺术价值为唯一标准,力求更新与进步的精神体现。

1954年,基于对您的信赖,我不辞冒昧地向您提出了转系的意图,您立即听我弹琴,当场为我指出所弹"299"练习曲中技术缺陷的问题所在:那反复出现的音型(c d c b d, e f e d e……)弹不清楚的原因在于我的3指离键太慢,以致同音反复含混不清。为此,您教导我应当反复练习3指快速下键与离键的方式方法,如:让2、4指保留按键,然后反复轮换用1、3指练奏中间的同音。这样一语破的、一针见血的指点使我茅塞顿开;这是我在钢琴学习中前所未闻的教导,也是您对钢琴演奏与教学重具体分析、重立竿见影、讲求实效地指导学生练习的一贯风格的体现;这只是一个开端,日后您更使我深刻领会到您钢琴教学讲究既严且细的精神原则:严,在于一丝不苟地对待技术与质量;细,在于对任何技术进行科学、深入地具体分析,从而通过有效地苦练去克服它、掌握它。如今回忆起来,这不是正和瑞士教育家裴士塔洛奇(Pestalozzi,1746~1827)讲究教育与教学要有"机器般准确"的精神完全一致吗?! 此后,在跟您上课和旁听您上课、在和您同一个教研组进行教研活动的过程中,都使我充分领略到您钢琴教学的基本特点:从不使钢琴演奏技术成为不可知或不需知的神秘事物,从不使用让人高深莫测、腾云驾雾的抽象语言,而永远寻求通过具体的分析和易解的语言、形容、比拟和启发,使学生得以真正地认识艺术——技术的窍门和关键所在,并通过授予学生具体的演奏方式、方法和练习的途径、要点,去进行有效的练习;在这同时,又基于您对音乐艺术的深刻领悟与本能体验,您永远贯彻着艺术指导技术的原则,而从不本末倒置,从不停留、局限于技术。

我转系后第一次随您上课,您即向我传授了弹琴最基本的用力方法,明确用重量与"压"之间的区别:您要我在您的手掌上弹奏,然后突然将您的手抽走,我深感出乎意外地将整个手臂固定在空中,您就告诉我这意味着我这时的手臂是紧张的——它没有全然放松地自行坠落。接着,您要求我再次进行这样的操练,但务需绝对放松,从而当您将手抽走时,我的手臂必然会自行坠落。您就这样启发了我去体会:只有用放松的手臂去弹琴,才可以避免"压"的错误弹奏方法。接着,您教导我根据需要学会用手腕的侧向动作弹奏,尤其是"连奏"(Legato)时,并布置给我一首短小的乐曲——巴赫《法国组曲》No. 4 中的《加伏特舞曲》去练习手臂的"落——起"动作,也即是两个音一组的"连——断"弹奏,借以认真体会手腕与手指动作的结合,以及手臂放松地坠下与自然提起的感觉。您这样擅长于应用一首具体的乐曲去操练某种特定的技术,使我顿时深有所感,体会到布置给学生的教材,往往好比是医生开给病人的方单,这方单能否集中有效地针对病人的疾病对症下药,正体现着这位医生的医术与医德是否高明。从教学现实中可以看到:有不少学生通过多年学琴,却仍不能真正体会与掌握这一"落——起"动作!您不仅心中掌握着大量得心应手的教材作为艺术表演的"保留节目"或对症下药的"方单",并且经常运用短小的手指练习去集中地训练学生特殊的技术;教师如果没有长期的教学经验和匠心独运的造诣,是做不到这一点的。您十分重视练习曲的功能,要求长时间地练习与背奏,但并不主张大数量地去练,而要求必须通过少而精的练习取得有一定效果;这一点也正是您的钢琴教学能立竿见影的奥秘所在。

同样使我至今不忘的是1954年在我刚转系的第一个学期的开学典礼上,贺绿汀院长在漕河泾大礼堂致辞。贺老特别强调地提出钢琴系主任范继森先生的名字,说:他全心全意地想把钢琴系办好,丝毫没有忌贤之心,亲自写信给当时身在海外的李翠贞、吴乐懿、夏国琼等几位著名的钢琴教授,动员她们毅然返国任教,从而使得钢琴系的教学质量空前提高;贺老公开号召大家要学习范先生这种一心为祖国音乐事业、为建设上音的至公无私的品格。这一席话在我的耳际、心底终生回响,从未被磨灭,因为它不仅涉及到您个人,更体现着一种精神:是它使中国的音乐事业蒸蒸日上,使中国的许多音乐工作者有着与外国许多同行截然不同的精神面貌。上音和中国音乐界曾出现有贺老和您这样两位永垂不朽的先师,是上音永远的骄傲,是我们最大的幸运。您从不善于言辞,更不屑于说虚夸的豪言壮语,但您却以自己的实际行动与作为,体现着您为祖国、为事业、为艺术的赤子之心;您并不善于作理论的概括和文字的表达,却有着高超的见地与洞察力,并能以简明、中肯的言辞一语破的地表述。您听学术报告等从不记笔记,也不像海绵似地一味汲取,但却能像过滤器似地从自己的需要出发,去芜存菁地将精髓化为自有,并就此牢记不忘,更加以发展和运用地付诸于实践。您并没有什么惊人的学历和资历,也不是苦读的学者,可是您却对事物,尤其是音乐与钢琴艺术有着深刻、透彻的悟性与见地,从而您有着充分的自信,但同时又保持着应有的谦虚:在与您共事的漫长岁月中,我充分感受到您不论对教师或学生,均有着一种求贤、爱才的渴望和虚心向任何强者学习的心态。对任何师生,您心中只抱有唯一的准则,那就是实事求是的艺术标准。您从来贯彻的是对事不对人的原则,而不以某人出自谁的门下而转移对他的评估。

在每次教研组活动和考试或演奏会后的讨论中,您的见解和发言总是那样的中肯、公允,始终体现着您真挚、至诚的一贯作风,使我从中学习到许多从书本中无法学到的东西。您在招生考试讨论时表现出的认真、严格,似乎"无情",但那正是您对事业、对艺术严肃负责的精神体现。在艺术、业务和教学领域上,您永远知无不言,言无不尽;除非是由于某种特殊的原因,您不得不保持沉默。

1959 年,文化部副部长钱俊瑞先生前来上音,在座谈会上发表了一次论调空前的讲话,如:"我们也要有我们的肖邦专家"等,这对您也曾是一次莫大的鼓舞和激励,因为这样的观点和"百分之百民族化"、"钢琴系根本不应再弹肖邦"等"大跃进"的言论和做法,有着天渊之别,从而在紧接着的几年内,钢琴系得以贯彻一条所谓"修正主义的路线",通过加强对基本功的严格训练以及认真地钻研和弹奏巴赫、贝多芬、肖邦等经典性的乐曲等,在教学质量和水平上获得了空前的提高。在当时的党支部李文蕙书记支持下,您作为系主任也空前地积极、活跃,不辞在繁忙的教学之余,参加各种会议和活动,进行忘我的工作。您常犯"自由主义",如开会迟到等,为此,李书记要我会前顺道经过您家,护送着您一起蹬着自行车去学校赴会——当然,这一切在"史无前例"的"文化大革命"中,都成为钢琴系"走资派"和系主任的"罪状"。也就是在贯彻"修正主义路线"的那几年内,您为贯彻贺老一再提倡的"大、中、小一条龙",不辞劳苦地穿梭于上音及其附中、附小之间,不仅亲自教授附中、附小的高材生,并且经常出席附中、附小的招生、毕业考试和各种演奏会、讨论会,不怕得罪任何人地发表您的高见,为附中、附小的招生把关,为他们的教学提出各种意见等等。这些所作所为都让人再明确不过地看到:您和贺老确实是不需沟通,即能不约而同地、如出一辙地去身体力行地为心中只怀有的两个词奋斗:事业与音乐。您对于每一个有突出才能的学生,不论他或她出自谁的门下、来自何方,都一视同仁地倾心爱护、尽力培养,在这一点上,您与贺老也极为相似。您经常对我表露出对洪腾、许斐平、乐仁道、周薇等许多学生的至爱,使我看到一位爱才如渴的长者如何日夜用自己的心血,灌溉那些尚未开花、甚至尚未含苞的花朵。在洪腾准备参加埃涅斯库国际比赛期间,您对她的关切哪里只限于琴艺?您多次带领她前往西郊公园、文艺会堂等处散步或加强营养;对幼小的许斐平更是恩爱有加:不仅充当伯乐选招他入附中(小?)亲自教授,更以慈父之心关怀他的一切,甚至在特定时期不惜将他接到家中居住,随时教导与照料。在这一切作为中,您让我看到一个人是怎样达到无私、忘我的境界的,一位教师应当是怎样对待自己的学生的。您对待一切人和一切事,都本着至真、至诚的信条与准则,从而您获得了"至性过人,与物无伤"(嵇康:《与巨源绝交书》)的结果;您以至情至性待人接物,从而您获得师生们广泛地爱戴、永远地怀念。我行我素是您一向的为人之道和作风:永远做"一面派",从不当"两面派"。也正是由于您坚持着这样的品行,您才能够有生之年在内心深处活得超脱、自由,活得痛快而无所畏惧。远在"文化大革命"之前,您已身患重病。我记得您曾经对我沉痛而坦率地表示过:您已置生死于度外,疾病和死亡并不使您感到任何恐惧:人的一生总要结束,早一些、晚一些,没有什么了不起的——当时听到您的这些言谈,我不禁暗自吃惊,自愧不如。回想起当时您作为"老教师",其实实际年龄一点不老,才五十岁左右,和我这"青年教师"只相差十六岁,而您当时的心态却已是那样的安然,能将一切置之度外;这也是您作为至人的一个特点吧。

　　60年代初,钢琴系在院党委与系党支部的指使下,为"总结老教师的经验"、"创建我们自己的学派",成立了唯一一个以一位老教师为核心的教研组——"范继森教研组",由您领导出自您门下的四位青年教师(洪腾、林玲、尤大淳和我)组成,每周进行一次教研组活动,通常是在您家中、有时也去外面某处进行。活动的内容较多样化:由您主讲或带领某一位青年教师的学生前来上课,由您辅导、指点,或进行某一专题讨论或传达,如由我介绍我所看到的外国有关钢琴教学或演奏的书籍等。您为"范氏教研组"确实付出了许多心血:除教研组活动以外,您还采取不少措施来尽可能地培养我们这些青年教师,如:由您定期、甚至每周辅导一、两位青年教师选出的学生,或让他们充当助教听您为您的一位学生上课,然后再让他们定期去听该学生练琴并加以辅导等等;这些额外的活动与时间,都由您自愿地、无偿地付出,就像还为我们这些在职的青年教师继续授课一样,从来是有求必应、不辞劳苦而不取分文的。您还曾在李文蕙书记的敦促下,口述您对我系教学、尤其是有关钢琴演奏技术训练与教学的意见,由我执笔记录、整理,作为上音钢琴系教研组活动的报道,曾在大约是1963年的《人民音乐》上发表。您又曾对如何教学和处理肖邦的《幻想波兰舞曲》进行过口述,由我执笔记录、整理成文,作为"总结老教师经验"的科研论文;可惜这一活动尚未完成,即被1964年后不断的下乡而中断,我记、写的稿子也被"文革"的火舌焚毁。如今我只记得您向我详细地叙述了您分析、处理和教授此曲的各种心得,具体细节已难以回忆,只记得当时使我深感您对于这样一首深邃、庞大的乐曲,分析得何等细腻、深入;您根据乐曲的音乐表现和结构,匠心独运地进行了音乐布局与整体塑造,从而有计划地进行速度、力度、高潮等各种安排,并针对教学和技术训练提出许多建议。当时我即深深感到:您虽非理论家,也从不擅长于语言文字的运用,可是您却有着透彻的分析能力,非凡的、本能的乐感,深刻的体验以及独特的见解。您懂得根据乐曲的音乐语言和结构,去指导演奏和教学。可惜您的这一成就也随着"文化大革命",已从人世永远地消失了。

60年代前半,我作为钢琴系负责"科学研究"的青年教师、您带领的助教,秉承着系支部李文蕙书记的旨意,力图总结您的钢琴教学经验,可是遗憾得很,那结果只能成为有始无终的良好愿望和半途而废的作为。如今事隔已近半个世纪,追思起来,我想:是否可以这样概括地总结您对钢琴教学的两项主要原则:

(一)　**掌握整体与局部、细节的关系**　您总把音乐表演的整体作为一切局部和具体细节的指导,正如高尔基所说的:"创作——这就是把许多细小的东西结合成为形式完美的或大或小的整体。"您对学生的演奏或聆听唱片的演奏评估,总是首先从其整体出发,而不拘于其细节,而在具体的教学中,却又紧紧地盯着任何一个局部和细节不放;这就是您教学的基本原则。您能从聆听优秀的演奏与唱片中,领会和取得对一首乐曲整体的艺术理解与体会,从而您曾向我传授过您为钢琴教学备课去聆听唱片的宝贵经验(须知当时在中国很难有足够的机会听到第一流的演奏会,而主要只能靠听唱片),那就是因为您能够从优秀的演奏中取得对一首乐曲卓越的、总体的音乐理解和艺术感受,并以此来指导乐曲的处理与教学,决定艺术——

技术要求的细节以及整体中的每一个局部与细节。德意志的哲学家、微积分理论奠基者莱布尼茨曾经说过："音乐就它的基础来说，是数学的；就它的出现来说，是直觉的。"这两句话把音乐的本质和内涵从理性与感性两个方面进行了高度的概括，而您对于这二者兼而有之：您对于音乐及其教学就有着数学般精确的要求以及明锐而高超的艺术直觉；凭借着您对音乐艺术感受的本能，您对教学及其备课已能驾轻就熟而得心应手地掌握其规律与奥秘。您带领我在您家中聆听加拿大钢琴家古尔德演奏巴赫的唱片，使我开始对这位奇才的独创性有所领悟。您使我领会到他阐释的巴赫音乐永远是那样地挺拔、豪迈而含意深邃，既像一座雕塑给人以强劲的质感，也富于动人的诗意，并且在技术上极度完美、无懈可击。他演奏的巴赫《平均律钢琴曲集》下册 E 大调赋格，主要通过各种不同连——断层次的音群处理和触键艺术，使钢琴几乎等同于古钢琴的发音原理，从而去发挥其触键艺术：主要不是通过力度，而是充分发挥音响连——断的艺术塑造与表现力去进行音乐刻画，同时也更增强了音乐塑造的立体感以及每个声部的独立性；这些都使您在艺术——技术上深受启发，并直接反映在您的教学中。您在音乐艺术的王国中懂得不断地深入，从而能升堂入室地掌握其奥秘：正是在整体的指导下，您去从事一切具体的局部与细节，方能达到高屋建瓴的境地，避免"只见树木，不见森林"的弊病。不少人只看到您重技术训练、重手指练习的表面，而未能透过这一外层，深入到您钢琴教学的深层，实属遗憾。您十分重视和强调技术训练，那是继承我国教学历来强调"严师出高徒"的优良传统和精神，但您从不陷于技术的泥潭，从而对于有些只能机械地、飞快地去弹车尔尼练习曲的学生，您从不欣赏。您不仅懂得巧妙地采用和运用外国现成的手指练习，更能自创自编许多行之有效的手指练习，通过它们使学生能有的放矢、事半功倍地去克服技巧的困难，步入艺术表演的王国。可惜您未能系统地编辑出一本独创的手指练习集子传世！正是在对整体与局部和细节的同时掌握与使用的前提下，使您的钢琴教学取得巨大的成效，而从不陷于音乐与技术、愿望与结果脱节的僵局。

（二）**表现与造型的统一** 这也是您的教学实际贯彻着的原理之一。尽管您在上课时间内较少脱离音乐的塑造和技术手段，去抽象的谈论音乐表现,而更多地着手于音乐的塑造(造型),但您本人有着强烈的、高超的艺术本能和直感,那指导着、支配着您的整个教学和一切具体的音乐塑造和技术手段;这正是"虚实"自然结合并以实带虚的体现。您是一位地道的音乐家,正像叔本华所说的:对音乐"满足于直接地懂得它,而放弃对这一直接的懂得作抽象的理解"(《世界作为意志与表象》,1819,I,3);所以对于您这样的纯音乐家,首先的着眼点是音乐本身,因为"音乐是通过有安排的许多音的组合,激起有洞察力的人们感受的艺术"(柏辽兹:《向着歌唱》),从而您作为钢琴教师首先着重于音的塑造和音乐的塑造,并通过它达到美的塑造。正由于您的教学十分明确地教导学生去从事音与音乐的塑造,所以您绝大多数学生的表演能够在艺术表演上"达意"——明确地体现音乐的构思与艺术表现,从而在音乐表演中达到艺术——技术的统一与完整。托尔斯泰在《论创作》中说得好:"他必须把自己的技巧熟练地掌握到那种程度,以致工作过程中很少想到技巧,好像一个人行走时不考虑行走的机械原理一样";钢琴大师布索尼也指出:"熟练的手艺会将艺术的殿堂变成一所工厂"(《音乐新美学设计》,1916)。您重视技术的出发点是和他们的观点与精神一脉相承的。音乐艺术的美与感人首先在于其表现,可是,单有表现的欲望与企图,而缺乏足够完美的造型,也不足以成为艺术;尤其在学习过程中,往往得大力从事于塑造:从具体的音的塑造,直到音乐整体与局部的塑造,然后才谈得上艺术的表现;您的教学再好不过地体现了这一点。为此,在您的教学中十分强调对乐曲结构的分析、理解、塑造和安排,以此作为演奏与教学的依据。同时,您非常重视乐曲音乐高潮的塑造与安排,重视力度与速度的层次塑造与对比。音乐本身就是"流动的建筑",而"建筑是用结构表达观点的科学之艺术"(美国莱特:《全面建筑观》)。您紧紧地把音乐的表现和结构结合在一起,避免了一般人只知道空谈表现而忽视造型与结构塑造的通病,正如兴德米特所说的:"对于音乐强者来说,他确定自己有才能、有知识,就不存在结构主义。每次着手有所收获,更多地掌握材料,这对他说来也就更进一步地接近了音乐最内在的神圣王国"(《作曲技法》,1940)。如果把您的教学更多地从事塑造理解为忽视表现,那就是莫大的误解。正由于您重视并致力于音与音乐的塑造,保证了您的音乐表现和教学成效。有些人只看到您教学的皮毛和外表,那是应当引以为戒的。

　　您对于音乐,尤其是钢琴音乐,有着高超、深刻的悟性与审美。我永远不会忘记您对我说过您独特的见解:在所有的钢琴文献中,您觉得只有四位作曲家的钢琴作品才称得上尽善尽美:巴赫、莫扎特、贝多芬和肖邦;其他作曲家,如舒曼、勃拉姆斯、李斯特、拉赫玛尼诺夫等虽写有杰出的钢琴作品,但他们均不能与以上四位相比——这一席话始终铭刻在我的心底,成为我对钢琴音乐艺术评价的指南,也使我深感您对钢琴音乐有着无比深刻的洞察力和审美判断力,您对这四位作曲家也有着非凡的体验与理解,从而对于他们风格的掌握能入木三分。您充分领会和把握巴赫和贝多芬这两位作曲家深邃的哲理性、严谨的音乐逻辑性和强劲的动力,莫扎特音乐至纯至美、极度透明、简洁(一音不多、一音不少)的特质以及肖邦的音乐浑然天成、极度歌唱性与钢琴化的造诣,并能洞察其他作曲家们在这些方面均无法和他们相比的真谛。您的这一观点也体现着您对钢琴艺术的要求既高且严,正是这种对至乐境地的要求,使您作为一位钢琴教师在教学上也永远在追求、在前进,从不满足于尚未尽善尽美的质量和已有的成果与水平。60 年代初,您为洪腾准备埃涅斯库国际比赛加班加点上课时,我征得您和洪的同意,几乎每次都在您家中旁听,从而观察到您为她准备的整个过程,在这过程中使我深深地体会到:音乐艺术王国中是没有止境的;怎样在学生已经弹得很好的时候,能继续帮助他不断提高,确实是最艰难的钢琴教学任务;没有极为高超的艺术和教学水平就无法胜任,而您在这一点上值得每一位钢琴教师学习:您能够百尺竿头不断地更进一步,这就是由于您对音乐的至境与至美有着永远不息追求的渴望和能力。这充分说明:您作为一位钢琴教师是在以对事业、对艺术、对学生的至爱,与学生携手并进地向着音乐的至美境界不断迈进。

　　《中庸》指出:"唯天下至诚,为能尽其性。"您以至人之至诚去从事艺术与教育;您以对人、对艺术的至爱去追求至美;您以至情至性去待人接物,付出的是至爱。解放前,您参加电影《文天祥》主题歌的征集得奖后,用那笔奖金请客的对象竟是全校师生。当时上音在江湾的师生人数虽然不太多,但也有百余人吧? 由此可见当时您是把全校师生视作宛如一家的。您对自己的学生,那更是亲上加亲的一种至爱,这种情感和人际关系在我们当今这个物质至上、金钱万能、利欲熏心的后现代社会里,更显得多么难能可贵!所以,您对我们这些学生的至爱并不随着时间的推移而淡化,相反的却日益深化。

您对于中国钢琴艺术和教学的功绩是具有历史开创性的;您领导下的上音钢琴系可以说是它的全盛时期,尽管当时的条件是那样地艰难与局限。如今难以想象:当时连您这样一位钢琴系主任也只拥有寥寥可数的几张 33 转慢转唱片,来作为钢琴教学和准备国际比赛的参考资料,而您却能凭借着您对事业的至诚和独特的才华,创造出由中国教师自己教导、培养出自己的国际比赛获奖者的先例,谱写下历史性的光辉一页。历史最终是公允的:谁为钢琴系立下不容磨灭的功劳与苦劳? 谁为我国的钢琴教育谱写下光辉的一页? 和贺老一样,上音的后代是不会忘记您的。尽管您未能活到今天,未能亲眼目睹近年来我国钢琴事业蓬勃的发展,未能生活在当前和谐的社会安度晚年,但您在九十冥寿之际也必然会在九泉下感到欣慰。音乐教育归根结底在于通过音的塑造和美的塑造,去进行人的塑造。如果不能完善地完成音的塑造和美的塑造,来奢谈什么"人的塑造",那对于音乐教师来说就是一种失职与欺骗;相反,如果只停留在音的塑造和美的塑造上,而忽视了人的塑造,那也将是一种不可饶恕的贻误,因为"最人性的事莫过于教育人"(德意志诗人吕克 Friedrich Rueckert, 1788 ~ 1866)。您作为一位教师,对您的学生在这三个层次上都做出了典范性的努力和成绩,为此,我们永远怀念您、感激您,并且力求继承您的事业、效仿您无私奉献的精神,去做一个竭力追求至美、塑造至乐(yue)的至人:力求像您那样以至情至性、以对人、对事业和对艺术的至爱去追求至美,尽管这至美的境界是永远没有止境的。

您永远的学生

廖乃雄

2007 年 2 月 28 日于加拿大蒙特利尔

(本文作者:原上海音乐学院音研所所长,教授)

艺术艺德　交相辉映

——深切缅怀恩师范继森教授

洪　腾

　　1951 年我小学毕业,旋即考入宋庆龄副主席创办的中国福利会上海儿童艺术剧院(简称上海儿艺)钢琴专业。宋副主席对上海儿艺十分关注,指示上海儿艺领导,尽可能延请高水平教师,给上海儿艺的学员和演出人员进行更好的教育与培养。

洪　腾(左)与徐嘉生

　　1954 年秋的一日,天空下着毛毛细雨,阴冷潮湿,让人更感凉意。上海儿艺任德耀院长带我去拜访上海音乐学院钢琴系主任。路上,院长对我说,我们现在请到上海音乐学院钢琴系主任,他是著名的教授,你可要跟他好好学。我点头示意"我会的"。但是,我心里总是紧张地怦怦跳,因为担心又遭到此前另一位教授的同样回答:"你们还是另请高明吧!"任院长带我到前一位钢琴教授家里求教时,他要我弹一首乐曲,我一时竟弹不出来,他耐心地说:"那就弹个音阶吧。"记得我紧张到只弹了一个 A 大调音阶。天哪!事后,我一想起这件事,便不由得自感真是个"呆子"!走出前一位教授家门,我就禁不住流下泪来。当时任院长轻拍我的头说:"不用哭,我们以后还可以再去拜请其他教授,好在宋副主席有指示,一定要尽力请到最好的老师来培养你们这群孩子。"

　　初次踏进范继森教授家,令人醒目的除了钢琴外,就是几个很大的鱼缸,内有多种珍贵的热带鱼来回游弋,五彩缤纷,房间里显得很温馨。范先生看到我之后,即简短地问我学琴情况。我回答说学弹了车尔尼 Op. 849、小奏鸣曲……等初、中级程度的作品。

　　任院长紧接着说,希望范先生能收下我这个学生。范先生爽快地答允了,并嘱咐我下次去上课时要练习两首曲子弹给他听,还关照要买的新书,等等。任院长和我向范先生致谢后即高兴地告辞。

　　从第二周起,开始了我跟范先生学钢琴的课业,每周去一次范先生家上课,起初阶段我总是很紧张,因为我对范先生既敬佩又敬畏,我上课时小心翼翼。上了几周课之后,范先生对我回的功课表示满意,我总认为他是在鼓励我,这样经过了两年。这期间有一次范先生让我弹贝多芬第一首奏鸣曲(OP. 2,No. 1),并对我说:"要入音乐之门,弹这首奏鸣曲还说不上,只能说你只是在音乐门外碰到这扇门,入门还早着呢!贝多芬是世界上伟大的音乐家,要多听好的演奏家演奏的唱片,同时还要多看书……"那时的唱片是 78 转塑胶片,唱机是用手摇的,听一个乐章就要把唱片翻转二至三面,整个奏鸣曲三个乐章,需要大约五、六张唱片才能听完,我当时听的是施纳贝尔(Artur Schnabel)弹的。

　　1955 年底汇报学业成绩,我弹了贝多芬第一钢琴协奏曲(Op. 15),由上海儿艺乐队为我伴奏,请了不少上海音乐学院教授和上海音乐界的著名人士来现场指导。汇报演出完毕,他们认为"麻雀虽小,五脏俱全",对我的演奏也给予肯定与鼓励。

1956 年间,有一天我向范先生谈到,想报考上海音乐学院钢琴系继续学习,不知够不够条件? 范先生回答说"不妨试试,但要认真练习"。在准备报考期间,记得有一次上课,不知什么原因错音多起来了? 范先生立即要我停下,问是怎么回事? 并严厉地说:"希望以后上课你能把我的嘴封住,不要老是重复以前的错误而让我一再开口指出,努力避免相同的错误,这是学生应该做到的。"从此,我更加认真,对音符、节奏等反复检查,克服随意弹错的毛病。

在准备报考上音的曲目中,范先生给我安排了贝多芬"暴风雨"奏鸣曲(Op.31,No.2),记得在弹到中间一段时,对情绪与感觉,我把握不住(见谱例)。范先生当时脸部沉静却带点焦虑地说:"如果演一个老人饱经风霜,

他讲述自己过去的不幸,不是一开口就号啕大哭,而是缓慢伤感地诉说,声音沙哑,到后来甚至带一点颤抖……你弹得太轻松。声乐系学唱,在唱轻声而又要使声音传得远,这是很难的技巧之一,你要有这种想象力、感染力,音乐绝不是机器,不能生硬。"我遵照他的要求用心练习。1957年,新生入学考试顺利通过。那时我还不认识上音的同学,后来进了学校,听过我考试的同学对我讲,你弹得不错呀!我想,这是缘于我生活和工作于上海儿艺的六年中,在音乐、文化及其他方面打下了良好的基础,特别是他们为我的钢琴学习请到了范继森教授。

我终于成为上音钢琴系学生,经历了五年的大学生活。有幸的是我的钢琴课仍被安排在范继森班上。学习到二年级时,学院里有一场演出亨德尔作品的音乐会,我弹亨德尔G大调组曲。早期作曲家的手法,基本上是传统的三和弦,在弹这首乐曲时,范先生对我讲述:如果平平常常泛泛而弹,那些琶音(Arpeggio)就像机器,不好听,要赋予作品生命力,必须注意你的触键,声音要有集中点,能传达,明亮而不生硬,线条要自然起伏,一开始气息要大。那时期的作品离不开宗教,作品是人写的,人是有血有肉,它有人情味,转到小调时还带一点点忧伤,节奏要严格,也要有宽松感(Rubato),Rubato的掌握,全要在严格的节奏中控制好。没想到,我第一次在学院大礼堂演奏这个作品就得到了肯定。

1959年我们去外地"六边"活动回来不久,范先生对我说,要准备参加全国选拔赛,钢琴系里先进行选拔,然后到北京参加选拔,并说:"你也要参加"。我当即回答说:"我怎么行?我不行的。"范先生说:"选上与选不上,不由你来考虑,把你所弹的曲目弹好,尽自己最大努力去做。"范先生对我始终训练严格,但遇事泰然处之。所以多年来把我训练得很专注在音乐演奏的学习中,不去斤斤计较小事,性格中也有顺其自然处事的一面。第一次院内选拔,选上殷承宗和我。殷承宗那时就弹得很棒,我想,可以跟在他后面去北京开开眼界。第一次到北京参加全国选拔赛,我未入选,回到上海,范先生对我笑笑说:"需要再努力!"给我布置了比过去多一倍的功课,并要我尽快背谱。我的记忆力得到了更好的训练。但我也是个凡人,因未选上,起初也会觉得不好意思。不过,在范先生给的功课加多、加大的情况下,我这个人的小小情绪不久就消失了。

　　由于父母给了我一双不是很大的手,我虽可以够到九度,但要突出八度技巧的亮度,我是欠缺的,所幸的是我有一颗感悟力较强的心,在范先生训练下,要用心来演奏,要掌握乐章的灵魂和乐句的走向,这种悟性不是用语言所能表达,所以我的演奏出自真心,这就成了我习惯去思考、去控制自己、去投入乐曲中的关键的方法。

　　过了不多久,我又被选到北京参加全国选拔,北京的鲍蕙荞和上海的我入选,准备一起参加1961年罗马尼亚乔治·埃涅斯库国际钢琴比赛。

　　比赛规定,每轮要弹四首曲,共三轮,最后一轮是协奏曲。因此,范先生把我参赛的曲目作了大改变,奏鸣曲改为莫扎特作品K.576,D大调,完整的三个乐章。莫扎特虽是笑对人生,但他有许多心酸,他时常是带着眼泪在微笑,从他的作品中就能感受到,尤其是此奏鸣曲第二乐章(见谱例):

　　范先生讲述:这个乐章有很多是音阶式的走向,犹如一位女高音唱得优美、婉转、动听。如果照谱面弹奏,会生硬,不好听,音乐要美,深入人心,打动人。要我找到音符底下的那层心里感受,调整好节奏和句子的透气。任何乐句都要抑、扬、顿、挫,呼吸要清楚,层次清晰,但不能都是由P＜P＜,这是拉风箱式的最糟表演手法。

　　在比赛场上,我完成了范先生的心愿。舞台上只有一个莫扎特存在,是我一生中最为快乐的时刻之一,好似同莫扎特在亲切谈话,享受到他音乐语言之魅力,享受这位天才,不是用语言与文字,而是用心灵语言、音符来谈话。谢谢我一生中那么幸运遇到这么好的一位教授,教会我认识并走近相隔历史这么远的这位天才音乐家,听到他心灵深处的纯真与美! 并唤起同场听众分享这份快乐——优美和富有生命力的音乐。弹完这首奏鸣曲,听众报以热烈的掌声。

比赛的第一轮弹完后,有数位听众走过来问我:你在哪个国家留学过? 我回答说:我完全是由我国教授培养出来的,我当时是上海音乐学院四年级学生。他们流露出惊异的表情。第三轮比赛完毕后,英国的《Music And Musicians》(《音乐与音乐家》)杂志刊登了一篇评论,其中有一段话,中文的译意为:"这些钢琴家的演奏,我只听过一场,评委决定第一名空缺,我无以置评。第二名由来自罗马尼亚的 Constantin Iliescu 和来自以色列的 Arie Vardi 并列。我很高兴的是,评委将第三名颁给来自上海的优秀青年女钢琴家洪腾,她的触键优美精致、乐感真挚,令人惊叹。人们不禁要问:她在上海的老师是如何把莫扎特的作品教得如此真切?"

下面是英国《Music And Musicians》杂志 1962 年第 1 期第 16 页一篇评论"Competitors and Musicians in Bucharest"by Evian Senior 中的一段原文:

I heard only one session of the pianists, and so found it impossible to comment on the jury's decision to award no first prize. They joined two for second – prize:two young men. Constantin Iliescu of Rumania and Arie Vardi from Israel. I am glad they gave a third prize to a fine young girl pianist from Shanghai, Hong – Teng, whose delicacy of touch and truly musical feeling was something to marvel at. How do they teach Mozart – playing like that in Shanghai?

在准备比赛阶段,范先生因高血压病(血压有时达 220/120 毫米水银柱),医生要他住院治疗。钢琴系行政领导指派一位代课老师,这位代课老师上课时讲的是没错,力气要通到指尖,但我在琴上弹的每个音几乎都不符合他的标准。真有这样怪事,原先会弹琴的人一下子不会弹了,心里感到自己像个木头。后来,我急着到医院看望范先生,告诉上述情况。过了几天,范先生出院,他对我这个学生是"了如指掌"的,首先他在音乐上启发了我,恢复我演奏的欲望,他一边听我练,说就这样继续下去……针对学生不同问题而引导启发。

对于我在学习上取得成绩时,范先生给予肯定,但从不夸奖我,而对我的不足,就讲我手是小了一些,如手大些会更好。在我自己担任教师后,我才领悟过来。范先生的"因材施教",令我十分之佩服。不同学生,有不同的才能与个性,归根到底,都要符合表达作品内涵的要求,要从学生的特点及能力出发。范先生同我这个学生平时谈话不多,但他紧紧扣住核心,语言简练。他认为音乐演奏艺术,靠的是声音,来自于你心里的声音,对作品的内容表达要确切,要有感悟——敏感而且强烈,这是经过提炼的感悟。要有表情但决不娇柔做作,要有表情但不失去控制,要有头脑,绝不是冰冷而无生命力!

1962 年,我大学毕业,留校当范先生的助教,我一有问题随时可请教他。刚开始当助教时,不知如何下手? 范先生就对我说:教学生要在表现上下功夫,技术上紧扣触键 Touch 指尖感觉,一切都会迎刃而解,你要用头脑也就会好的。

我的学生的手都比较大,学生要扩展,这点是我需要努力的,而学生出外比赛取得成绩,我感觉到欣慰! 我也常要求范先生能给我弹些手大的作品,他笑着对我说,在台上要"扬长避短"。这四个字,我深深领悟。我可以自己研究、备课,但上台时不能去弹需要大手的作品。一上台就败下阵了,我懂其深奥之处。

至今记忆犹新,范先生为了让我更专致于弹奏适合自己长处的作品,有一次他问我:梅兰芳的戏好不好? 我说太好了,是国宝级的。又问:盖叫天的戏好不好? 我回答同样属国宝级。他说对呀,同是京剧,但不同角色两人能替换角色吗? 我愣住了。艺术有共性,但更要有个性。要形成个人的演奏风格,就涉及到文学修养,这是范先生反复多次对我提到的,要多看好的演员演的好戏。要多读书,俗话说:书中藏有黄金屋! 另要多听好的音乐作品,多听好的演奏家表演。这样可以体会更深刻,所获得的艺术享受也会更加妙不可言!

我在洛杉矶生活了近二十年,仍从事钢琴教学,我秉承着范先生的教学要领和方法以及做人的原则。我针对学生的具体情况进行授课和训练,有的学生被选去参加比赛,他(她)们分别在不同的比赛中获奖,从第一名到第五名都有,他们的八度都弹得很有光彩,他们在学习弹钢琴的过程中,可以说通过我获得了范继森先生的教益。

世界优秀文化传统是血脉相通的。在参加1961年国际比赛之后,过了一段时间,范先生对我讲,文化部通知说,要准备以后德国的巴赫国际钢琴比赛。范先生让我先学一首巴赫的半音阶幻想曲与赋格。在半音阶幻想曲乐段结束前,也就是赋格出现前的31小节起(LENTO)是一大段独白,由和声出现,随之而来的色彩和层次变化是非常扣人心弦的。情绪激化步步上升,到了赋格才得以平静。在平静中,赋格又转向另一发展。巴赫在整首乐曲里,气势宏大,好似在对宇宙说话,有种高昂的气质,顶天立地。范先生对乐曲的处理手法,既把我磨练出来,又符合作品的内涵要求。演奏完后,我真感到非常之累,但我很幸运能感染到高气质的作品,那种浩然气魄绝不是小里小器的表演所能做到的。范先生富有内涵的艺术功底,真是让我敬佩!后来由于"文化大革命",中国停止选拔参加国际钢琴比赛者,但在1966年前,范先生让我练弹巴赫的作品,使我学到极其宝贵的艺术表演手法与气质。

范继森先生性格既开朗又沉稳,为人真诚热情,光明磊落,平易近人。对朋友、同事都很尊重,对学生很关怀,有时还带我们到公园里走走(记得同去的有林玲、廖乃雄、尤大淳等),个别来自外地的学生,还被范先生招待到自己家吃住,爱护备至。他生活朴素,骑辆旧自行车放在停车场上,从不上锁,向他为什么不上锁?他说破车没人会要。我在上海儿艺时,到他家里上课,有时碰到他正在用早餐,吃大饼、喝豆浆,津津有味,吃得好香,反映了他对简朴生活充满了乐趣。

我在洛杉矶,有一次遇见到年逾八旬的著名教授夏国琼,她依然风度优雅,她回忆说:"过去在范先生当系主任时,我们心情都很愉快,范先生尊重教师又有亲和力,这样一位好主任不幸死于'文革',我感到心痛……"说到此失声痛哭。第二天早晨还打电话告诉我,她一夜未入眠……

我们的贺绿汀老院长生前评价范继森教授"是我们音乐界的国宝哇!……'文革'中才51岁的范继森和其他教授被迫害致死,我捶胸痛哭,是我把范继森请到音乐学院来的,我害了他……"①贺老院长这一席话,深

---

① 引自周玉明著《最耐读的是人》,1996年复旦大学出版社出版,33～34页。

深震撼了我们后辈的心！

　　我从 1954 年拜范先生为师，直到 1966 年，师生关系有 12 年之久，我的学习心得，讲不完也写不完，难以用文字表达，真是思绪万千，过去的一切都历历在目。在他的带领下，我步入音乐之门，攀登过高峰，并一直开拓到现在。水有源，树有根，范先生给我打下扎实的艺术基础，让我终生受用。

　　具有高尚淳朴的艺德修养、深厚扎实的艺术造诣和严谨独特教学风格的恩师范继森教授，永远活在我心中！

2007 年 3 月于美国加州

（本文作者：原上海音乐学院钢琴系教授）

键上三代人

许　寅

　　小李坚要去法国深造了,他既兴奋,但又舍不得离开爸爸妈妈,尤其舍不得老师兼妈妈的"洪阿姨"。洪腾,在这些激动的日子里,却老是想着一个人——自己的恩师范继森教授。"假使范老师能够活到今天,看到小李坚在他那套教学方法训练下逐步成材,该有多好!"

　　常言道:"无巧不成书。"恰好在二十年前,还是学生的洪腾,在范继森老师的悉心培育下脱颖而出,在罗马尼亚的"艾涅斯库国际钢琴比赛"中得到了第三名(这届比赛不取第一名)。谁知二十年后,已经成为老师的洪腾,却又经过自己的精心栽培,把自己的学生李坚送到了巴黎,在"玛格丽

钢琴家李坚

特·朗"这个规格很高的国际比赛中夺得了第二名。从范继森到洪腾,再从洪腾到李坚,两代师生两代花,已成为上海音乐学院的一大佳话。

榜　　样

在回忆范继森老师对自己的教育时,洪腾一开始就提出:"要做一个真正的艺术家,必须首先做一个真正的人。"对此,笔者偏偏不能同意,因为古今中外艺术家中,技艺高超而人格卑鄙者不乏其人。但是她坚持:我们的范老师,既是一个真正的艺术家,又是一个真正的人。

洪腾7岁开始学习钢琴。13岁时,考入中国福利会儿童艺术剧院音乐组,在这个朝气蓬勃而又洋溢着阶级友爱的大家庭里,她幸运地碰到了第一个恩师——儿童作家、导演任德耀。任老师发现这孩子很有前途,决心替她找一位"最好的老师"。1954年冬,当任老师第一次带洪腾到范继森家里拜访时,仅仅第一面,师徒俩就互相欢喜上了。老师朴素和蔼、热情亲切,虽然戴了一副眼镜,但平易近人,毫无架子。孩子淳朴、善良、憨厚,从她幼稚、粗糙的演奏中可以听到一种比较难得的东西:感情真挚含蓄。从此,洪腾每周登门学习,范老师俨然像一个父亲,在学业上细心教导,生活上嘘寒问暖,在老师的心血和汗水浇灌下,学生的技术突飞猛进,1957年投考上海音乐学院的时候,成绩斐然——第一!

攀　　登

如果说,在入大学前,范老师主要偏重于学生基本功方面的训练,那么进入大学后,他就更加注意学生演奏的格调、情操、气质和激情的培养了。范继森本人对于钢琴演奏艺术,非常讲究含蓄、真挚、深刻、淳朴。打个比方,恰似唐朝大诗人王维的水墨画和田园诗——"画中有诗,诗中有画",他也力求使学生达到这种意境。

入学考试要自选一首奏鸣曲。根据洪腾的特点,范老师为她选择了贝多芬的《d小调奏鸣曲》(暴风雨)。洪腾开始上手,激情太露,而且过分忧伤,老师知道,她显然理解得不确切。这里应当是刻画一个斗士在暴风雨般的战斗间歇时,独自沉吟的音乐形象:剧烈的战斗结束了,没有胜利,但也没有失败;是继续战斗呢,还是退却? 主人公就处在这一矛盾的中心。人物的内心活动异常复杂,说不出是喜是悲,是怨是愁。感情激荡而表现淡泊,激情洋溢而蕴含不露。内"热"外"冷",内"动"外"静"。范老师逐句作了分析,更进一步研究乐意与整个乐曲的关系,提醒洪腾注意"手指与琴键"的关系:声音不要太"实","朦胧"一点,"飘忽"一点。经过这样细致和具体的指点,洪腾在演奏时不论声音、意境、情绪、格调,与前相比都大相径庭了。

更可喜的是在老师严格要求下,学生养成了这样的"习惯":把老师的严格要求当作"生活必需品",如果老师对自己"宽"了,反而觉得非常不舒服。1960 年,洪腾要去北京参加罗马尼亚"艾涅斯库国际钢琴比赛"的选拔赛。临行前,她请范老师听听自己弹的莫扎特《D 大调奏鸣曲》。弹完,范老师连说:"蛮好! 蛮好!"不料这一称赞倒把这个女学生"赞"得呜呜痛哭。老师莫名其妙,手足无措,忙问:"怎么了? 怎么了?"原来洪腾这天的"自我感觉"并不住,想想马上就要去北京,却弹得这个样子,……听这一说,老师心中大为震动,于是约定:过两天再听,当老师指出了许多不足之处时,学生开心得笑了。事后,范老师常对别的老师说:"教洪腾这样的学生,对自己是一种很好的督促。"

教　诲

熟悉范老师的人都知道,他并不善于做人的工作,更不善于辞令。但是,他对于学生的思想却从来十分关心。由于他在学生心目中有很高的威信,他的片言只语,往往能给学生的思想以很大的影响。在为艾涅斯库钢琴比赛选拔中国选手时,洪腾以优异的成绩中选了。出发前,洪腾心里忐忑不安。范老师就在这"节骨眼"上点她:"要尽力而为,但不要志在必得。""思想要集中,不要怕!"在罗马尼亚,洪腾一上赛场,就把思想完全集中于乐曲中,情绪饱满地弹出了水平,弹出了风格。直到今天,范老师墓木已拱,但是这几句话却常常在她耳边回响,成为自己教育学生的座右铭。

化　身

从罗马尼亚得奖回来不久,洪腾毕业了。学校把她留下来作教师,从此，她就成了自己老师的助手和接班人。不过短短的二三年时间，大家就已经感觉到这位青年教师同范继森老师有许多相同之处：艺术风格相似，教育态度相似，下面一点尤其相似：对待学生，也像对待自己的孩子一样。

正当洪腾满怀热情，在范老师的带领下辛勤培育幼苗的时候，"史无前例"的事情发生了。范老师被迫致死。洪腾失去了良师，悲愤不已，她把老师的"良心"，珍藏在心底。决心像自己的老师那样地生活。

1973年，正当俞丽拿为那8岁的儿子李坚学琴无门而发闷的时候，平素不大来往的老同学洪腾却上门来了，俞丽拿欣喜地把小李坚托付给她。

"你把孩子交给我，就得听我的。可不能光弹'样板戏'。需要弹什么曲子就弹什么曲子！你怕不怕？"

"怕什么！反正我们关起门来练，你认为该怎么教就怎么教，该弹什么就弹什么。"

不要忘记，当时处于"批林批孔"的高潮中，整个上音校园里，正是一片肃杀之气。可是，这两位当时还比较年轻的音乐家，却在严寒的冬天憧憬着美好的春光，并且把这种美好的憧憬，化作无数心血和汗水，倾注在这个8岁的孩子身上。

一上课，洪腾就严格按照科学的训练方法办事，一点一划，丝毫不马虎。对这套方法她记忆犹新，十多年前，范继森老师就是这样训练她自己的。

小　憨　徒

小李坚早在跟洪腾学钢琴之前，便已经在跟妈妈——上海著名的小提琴手拨弄小提琴了。孩子一到自己身边，洪腾便像当年范老师研究自己那样，把孩子"彻里彻外"研究一番，发现：这小鬼有天然"乐感"，耳朵很灵，对音乐有浓厚的兴趣，但是容易紧张，"弹性"不够理想。最突出的优点，则是具有坚强的毅力和意志力。而且，显得憨厚、善良，对老师、妈妈、长辈有一种由衷的尊敬。别人都叫他"小憨徒"，洪腾却认为这是成大器的一个重要条件。八年前发生的下面这件小事，她今天讲起来，还是乐意得笑呵呵的。

小李坚喜欢穿球鞋，一双小脚难免臭哄哄。一天练琴，这位生具洁癖的老师闻到了，随口说了一声："李坚，你的脚真臭！"孩子马上把脚一缩，傻笑了一笑,低下了头。事情过去了,老师、妈妈谁也没放在心上,第二次洪腾再去,孩子的外婆笑着说:"刚才这小鬼用香肥皂洗脚洗了半天,我说他发痴。他说'不能让老师再闻到脚臭'。你看这小鬼憨不憨?"

洪腾听了,再看看小李坚那副羞人答答的"憨厚相",真想抱起他来亲上一亲——"多好的孩子!多忠厚的性格!对老师多么诚心,多么尊敬啊!"

有 心 人

由于教惯大学生,很少与孩子打交道,洪腾便把自己的前辈、著名钢琴家马思荪请来帮忙:每到一个阶段,就选好一套曲子,要孩子弹给老前辈听,请她指点。——这在当时对马思荪这样的"牛鬼蛇神"来说何等不易!然而,这位钢琴界的老前辈,为了这个八九岁的孩子,却冒了巨大风险,有请必到,从不推托。

小李坚"弹性"不够理想,洪腾时时注意加强孩子这方面的训练。一天她看到李坚在教室大楼走廊里骑自行车,转来转去应付自如,毫不困难。这种小事谁也不会注意,可是这位细心的园丁却一下子发现了"新大陆":小鬼的"弹性"不差啊。可能自己原来的估计不正确,不妨加快速度试试,把他"推"上去!这次发现后,她便果断地修改了课程,加快了速度,特别要他加紧练习那首难度很高的李斯特《梅菲斯托圆舞曲》。果然!短短几个月,小李坚突飞猛进了,"弹性"、理解力、反应力、表达力,全都快步"更上一层楼",为以后的胜利打下了基础。

冲 刺

参加国际比赛,如何选择自选曲目,往往可能成为成败的决定因素。二十年前,范继森老师曾为她精心设计,结果使她大获其益。这次,她请来了马思荪、李民铎、林尔耀一起研究李坚的自选曲目。2月份傅聪来上海,又征求他的意见,傅聪建议更改第二轮的贝多芬作品:把《告别》改为《C大调奏鸣曲》。洪腾原来认为:经过奥地利专家弗兰西曼的指点,李坚弹《告别》是比较有把握的。但是傅聪认为这支曲子过于深奥,16岁的孩子弹这样的曲子,就好像小娃娃戴上老头子面具,反而不讨人喜欢。洪腾一听有理,就把它改了。洪腾为李坚第三轮选了拉威尔《G 大调协奏曲》,这支曲子富有"光彩",李坚这孩子的特点恰是有"光彩"。她估计对了。当李坚在授奖音乐会上演奏拉威尔的《G 大调协奏曲》时,掀起了"海啸",年轻的中国选手"征服了巴黎",被称为这次比赛的"真正第一名"!

洪腾一定记得当年临行时范老师的叮咛,在与李坚临别前夕,她给孩子写了一封信:

李坚:

一个真正的艺术家,决不追求虚伪的名声和地位。

他永远是知识道路上的一名探索者。在知识、艺术面前,永远是"小学生"。不断探索,不断学习……

比赛中遇到强者,不要害怕、胆怯,强者也有他的弱点。

遇到弱者,更不要大意。弱者有他未被人发现的优点。……

练习时一定要使大脑走在手的前面,内心都要感受到音乐作品中微小的变化。一定要感受到!切勿粗心。让手指飞快走在心、脑前面,那将是机械,缺乏生命力!……

老师、妈妈、前辈们的"九十九分心血和汗水"没有白费。在巴黎,学生克服了重重困难,取得了巨大的胜利!小李坚一回到北京,第一件事便是跑到邮电局给老师发了一个电报:"我 25 日到京。此行获二奖,全靠党培养。22 日获奖音乐会引起轰动,特发电恭喜。"洪腾接到学生的电报,不禁想念起二十年前旧事,"假使范老师能活到今天,有多好!"

是的,我们不仅有杰出的年轻人,更有着优秀的教师和风气,这些正是我们信心的所在,是我们的事业兴旺发达的重要保证。

原载《音乐爱好者》1982 年第 4 期

(本文作者:《解放日报》资深记者)

他拥有一颗无私的爱心

——缅怀恩人范继森

许斐星

2007年1月18日傍晚，接到斐平好友郭龙吟的电话，他说："今年是范继森九十周年诞辰，谭露茜让我问你，能否写一篇纪念文章?"啊! 范——继——森，听到这三个字，就如响雷打在耳边，我肃然起敬：他是斐平的恩师，是我们许家的恩人。可惜斐平已不在人世，我一口答应。

提到范继森，往事涌上心头：它对斐平如亲生儿子，甚至有过之而无不及，把着手教他弹琴、驮着他在水里游泳，病了亲自送到医院，饿了带他上饭馆……就是在可怕的"文革"中，范老师自己惨遭迫害，被弄到死去活来的地步，还托人带讯给斐平，让斐平一定要当众揭发批判他，以保存自己，因为

斐平自己也被贴了大字极。造反派把他打成白专典型，反动尖子，随时准备批斗，然而斐平不顾安危，几次冒险偷偷跑到"牛棚"，去看望这个被折磨得不成人样的恩师。师生秘密相会，真是感慨万分（后来，斐平曾几次对我提起当时的惨状，害怕而又气愤，并立志要报答恩师）。就在斐平出车祸前不久，他还告诉陈朗秋（南京艺术

学院教授)："范先生50岁生日的情景给我的印象太深了,太凄惨了。"并和陈朗秋等准备在范老师的故乡南京等地举办音乐会,纪念恩师范继森。是的,斐平最想纪念报答范继森,他们两人有着共同的命运:一个"文革"整死、一个车祸身亡,都是以悲剧结束,叫人无可奈何。是啊,历史上有很多感人肺腑的故事就是用悲剧结束的,也许悲剧才能刺痛麻木的心,使人刻骨难忘!

第一次听到范继森这三个字,是在1959年,当时,我在北京中央音乐学院附中三年级,接到妈妈来信说:"斐平被上音附小破格录取,我自己也被'录取'来照顾他,斐平的老师叫范继森,是钢琴系主任。"哇!钢琴系主任,我好高兴啊!斐平真是遇到贵人了。后来连连传来好消息:斐平在上海之春音乐会演奏获好评,上海《文汇报》报道了斐平的消息,斐平为比利时女皇伊丽莎白演出成功……范老师真是有办法,他让斐平取得了多么辉煌的成绩,我更加想拜见这位恩人。

1962年寒假到来之前,我写信问斐平,能否让我利用这个时间到上海,顺便拜见范老师。斐平很快回信:"范老师欢迎你来,并且答应就住在他家。"这真是天大喜讯,范老师自己那么忙,家里也忙,竟然可以让我去住他家。我想,这是让我沾斐平的光了。但是更主要的是,范老师为人太好了,他有一颗无私的爱心。这一天终于来到了,那是一个寒冷的下午,斐平陪我来到了铜仁路90弄16号。一进门,范太太(后来,我才知道她的大名是徐嘉生)笑脸相迎,并用标准的北京口音说:"欢迎你,就像待在自己家里一样,不用客气。"字正腔圆,亲切如歌(至今,徐嘉生的这句话仍像一首歌一样,经常回荡在耳旁)。接着,她带我到二楼,指着一个床说:"你就睡在金陵(大雷的弟弟)的床上,和大雷同一个房间,金陵到楼下搭地铺,和我们挤挤。"我正在整理行李,有一个阿姨进来,个子不高,但非常和善。她笑着说:"你有没有脏衣服,统统给我,我帮你一齐洗了。"(后来,我知道这个阿姨名叫"腊弟子",跟了范老师多年了,因为范老师人好,所以她一直舍不得离开)接着,大雷也来了,他说:"我们住在一起,需要什么就告诉我,白天你用我的琴,晚上我们可以一起听唱片。"上海的冬天没有装暖气,可是他们特意为我装了一个取暖的炉子。晚饭时,我终于见到了这位贵人——范继森。只见他个子高大魁梧,一双炯炯有神的眼睛,一张宽容慈祥的脸,他跑了过来,用一双有力的手握着我,看了看。然后说:"你的手长得和斐平一样。""腊弟子"做了一手好菜,摆满了桌子,香味熏人,我口水直流。在那个买东西都要票(油票、肉票、粮票……)的困难时期,不知道他们怎么变出来的这么多佳肴。而使我印象更深的是:范老师让斐平坐在他身旁,不断往他的碗里夹菜,看见斐平吃下一口,范老师便发出一个笑声。

许斐平(左)与范大雷

有一天早上,楼下传来了美妙的琴声,我以为是范老师在听唱片,推门一看,原来是范老师在给斐平上课,弹的是肖邦第二钢琴协奏曲。这是肖邦19岁那年,见到了美丽的歌手康斯坦蒂娅,从她的歌声和笑脸中得到灵感而写的。这是一首充满爱的乐曲,只见斐平的两只大手在琴键上下飞跑,发出了大珠小珠落玉盘的清脆音响。范老师更是激情满怀,站在那里一边指挥,一边大声唱着乐队部分。弹到第二乐章时,范老师说:"等一下,这里要从乐队接过来,轻轻开始,由远到近引出主题,而且这个主题要歌唱。每一个音符都要歌唱,不管是倚音、波音、颤音都要弹成旋律。"接着他示范了一下,只见斐平马上按他的要求弹了出来。范老师满意地点头,发出爽朗的笑声。一个是充满爱心的老师,对艺术精益求精,一个是灵气十足的学生,对演奏尽心尽力。两个人紧密配合,两个人创造奇迹,整个房间充满了琴声、充满了笑声、充满了灵感、充满了温暖。你看,肖邦复活了,他正和女友在花园里携手漫步,玫瑰的花香扑鼻而来……三个多小时不知不觉过去了,直到"腊弟子"一直催着说"饭菜都凉了",他们才罢休。后来,在欢迎苏联艺术代表团的会上(当时,列宁格勒音乐院院长、苏联著名钢琴家谢列勃良科夫也在这个代表团里)由乐仁道钢琴协奏,许斐平演奏了这首肖邦第二钢琴协奏曲,据当时在场的叶惠芳教授回忆道:"许斐平琴声方落,代表团全体起立,长时间鼓掌欢呼,代表团团长指着台上的小天才说:"他就是你们中国的加加林!""

1983 年,在鲁宾斯坦钢琴大赛的最后一轮,斐平也是演奏这首协奏曲(尽管当时斐平已经掌握了包括拉赫玛尼诺夫第三协奏曲在内的十几首钢琴协奏曲,他还是情有独钟,选定这一首),因为他知道这首协奏曲,凝聚了范先生的心血。这首协奏曲,让他重温和范老师在一起的金色童年。这首协奏曲,抒发了他的全部真情:那就是对恩师的由衷的爱。据斐平后来告诉我,鲁宾斯坦的夫人在听完这个协奏曲后,来到后台见他,并要求和斐平合影留念。她对斐平说:"太可惜了,我的先生不久刚去世,如果他今天能来听你的演奏,他一定会十分感动!"

有一天上午,我正在练琴,忽然听见有人进来,回头一看,啊?是范老师。我简直不敢相信我的眼睛,怎么可能呢?他是一个大忙人。他笑着对我说:"不要停,继续弹。"后来,他问我能否弹几首曲子听听,我弹了巴赫的平均律第二条和贝多芬的"悲怆"奏鸣曲。他听完后,点点头,说:"很有音乐感。"然后,他指出了我一些不足之处。他的话不多,但是每一个字都那么准确、中肯,让我有妙手回春、豁然开朗的感觉。他告诉我:"弹巴赫的作品要注意声部的不同线条,要用不同的触键把它们表达出来。弹贝多芬要非常准确,轻响鲜明。而突强的处理要特别注意,这样风格才能表现出来。"接着他又坐在钢琴上给我示范,然后教了我一些基本功的方法。一日为师,终身为父,有这个福气让范老师上课,使我兴奋不已,我很快告诉了大雷,大雷也为我高兴,他说:"你知道谁最高兴?"我说:"当然是我。"他说:"不对,是我爸爸。我爸爸最喜欢教人、帮人。他从年轻时就是这样,把钱花在学生身上,把时间花在学生身上,不怕路途遥远,不计个人报酬,拼命地教学,只要学生进步,他最高兴。"啊!说得多准确,范老师就是这么一个人,是的,范老师,你是我的榜样,是我们所有人的榜样。

天下没有不散的宴席,两个星期飞快过去了,我真是舍不得离开这里。我能拿什么报答范老师呢?打开钱包一看,还可以挤出15元(当时15元是我一个月的全部生活费),就把它放在一个信封里,偷偷放在饭桌上。没有想到,就在出门时,范太太追了出来,把那个信封又强行塞进我的书包里,并告诉我:"不能拿你一分钱,因为你还是一个学生。"出了门,走在冬天的上海街道,寒风打在脸上,暖流淌在心底,这暖流来自范老师那颗无私的爱心,这暖流来自范太太、范大雷无私的爱心。我又回头看了一眼铜仁路90弄16号,两行泪水夺眶而出:这里有爱,这里有我那无限美好的回忆。

拥有一颗无私的爱心,便拥有一切。范老师便是这么一个人,他拥有名声和尊贵,他拥有所有善良人们的敬爱与怀念。他为国家培养了大批优秀钢琴人才,为中国的音乐事业建立功勋(他的儿子范大雷同样是一位功臣)!啊!范继森,你是一座高大的丰碑,永远树立在人们的心上,你的事迹将永世传扬。

在范继森九十周年诞辰之际、我代表斐平的家人,代表斐平的遗孀沈宏淑,女儿许乐馨,向范老师表达最高的敬意和怀念。向我的好友范大雷表达最深的怀念,也向范太太——徐嘉生及其亲人表达最真诚的问候和感谢!

2007年1月

(本文作者:已故著名钢琴家许斐平之兄)

了却三十年的心愿

——旅美钢琴家许斐平回国举办音乐会

赵培文　杨建国

　　昨晚,当许斐平坐上上海音乐学院礼堂舞台那张钢琴琴凳时,全场一片欢呼。他的到来,使所有熟悉他的师长和校友都想起了 60 年代那个被视为全院骄傲的"神童",现在,他已经是世界级的钢琴演奏家了。

　　许斐平也激动极了。某种意义上,在这简朴的礼堂举行的这场音乐会对他来说,要比他在林肯中心、肯尼迪中心和卡内基音乐厅等地所举行的那

旅美钢琴家许斐平(左三)音乐会后留影

些辉煌的音乐会还要重要。因为,他一直在想,要把在国内举行的第一场个人音乐会,献给母校,献给已故的恩师范继森教授,献给校友和故乡的听众。

音乐会比期望的还要成功。这很自然,音乐会的大部分曲目,许斐平10岁时就背熟在胸了,可以说在手上、心里不知锤炼了多少年,加上此地、此景、此情,使他琴音里的情感,愈加真挚而动人。可以说,许斐平准备这场音乐会,等待这音乐会,有三十年了。

作为钢琴家,许斐平拥有神奇的技巧与鲜明的个性。一个星期前,他与交响乐团合作演出拉赫玛尼诺夫的《帕格尼尼主题狂想曲》,加演难度极高的帕格尼尼的《钟》和斯克里亚宾用单手表现双手效果的《夜曲》,引起轰动和赞叹。这种场面又更狂热地出现在昨晚的音乐会上,许斐平演奏海顿的《F大调奏鸣曲》,肖邦的《夜曲》、《奏鸣曲》,勒维尔的《夜音幽灵》和李斯特的《奥伯曼的峡谷》。在任何难度面前都毫无负担,他的双手在黑白相间的琴键上跃动,表现出眼花缭乱的技巧和热情优雅的诗意,达到了出神入化的境界,令人心倾情醉。在观众长久的掌声中,他返场三次加演,仍欲罢不能。

出生在钢琴之岛鼓浪屿的许斐平,幼时即能凭记忆弹奏钢琴赞美诗。他5岁学琴,6岁登台表演,8岁进入上海音乐学院附小,爱才若渴的院长贺绿汀给这位"神童"吃偏饭,由担任本科钢琴系主任的范继森教授亲自授课。到12岁,许斐平已能演奏所有的肖邦练习曲,并与上海乐团合作演出,比利时伊丽莎白女王来沪访问时对他演奏印象深刻,即邀请他赴欧演出并学习,这在当时显然不现实。十五年后,经历了种种磨难的许斐平终于有机会赴美留学,先后在伊斯曼和朱丽亚音乐学院深造。如今他已成为知名的职业钢琴演奏家,巡演全美和世界其他国家,并获得近十次国际钢琴大赛的重要奖励,被权威音乐舆论界称为"一个完全成熟的、个性鲜明的演奏家"。说起这一切,许斐平很感慨,他说:"在美国十二年,开阔了眼界,经过苦斗开拓了艺术事业,但我的音乐基础是在国内、在上海音乐学院打下的,我师从过好几位国际上著名的大师,但我觉得对我一生最有影响,给我最重要教诲的还是恩师范继森教授。"世界性的演出这几年越排越满,但有一件心事萦绕在许斐平的胸际难以排遣。他告诉记者,60年代初,由于琴艺出众,范继森教授决定为他筹办一台独奏音乐会参加当年的"上海之春",范教授花了很多心血做准备,甚至节目单都拟好了,可最终,被"都是西洋古典曲目"为由而否定,终于没有开成。多少年过去了,范教授已抱憾作古,许斐平很长时间都保存着恩师亲手写的节目单,那些曲目,他不知弹过千遍万遍,这一次回到故地,他就是要了却三十年的心愿。这场音乐会的上半场曲目就是范先生当年拟定的。

"血浓于水,情重于利"。音乐会落幕后,许斐平面向母校默默说了一句话:"范教授,愿您听到我的音乐会,宽慰于九泉。"

原载《文汇报》1991 年 6 月 8 日

（本文作者：赵培文：原《文汇报》记者，

杨建国:《新民晚报》记者）

忆我的恩师范继森先生

洪育慧

　　年过了半百，人也就特别喜欢回忆往事，除了父母之外，最值得我怀念的就是从小把我培养长大的几位钢琴老师了。

　　我有幸在上海音乐学院附小的三年学习中，被挑选为当时中国钢琴界的泰斗——范继森教授最小的一位关门弟子。经过他精心严格的传授，我受益终生。不论是毕业以后在空军政治部歌舞团工作的十年，还是转业后在中央乐团(现改为中国交响乐团)二十年的舞台生涯，直到目前的教学工作，我始终牢记范先生的谆谆教诲：认真对待每一个音符、认真对待每一首作品，认真对待每一场演出，认真对待每位天赋不同、性格不同的学生。在

大家纪念范先生九十诞辰之际，我很想告诉大家一些小时候范先生如何教我弹琴的往事。

　　首先让我记忆深刻地是，范先生在我那个年龄段上进行钢琴基础训练的严格：这包括准确的触键方法，指尖弹奏不同音色的下键力量，掌关节的灵活运用，从双脚到腰、肩、手臂的正确用力，乃至全身心的投入。在训练头脑反应敏捷、准确快速的试奏能力、良好的背谱记忆等等，先生都是非常下工夫培养我的。记得小时候，我非常贪玩，先生规定我

每天必须练琴四个小时，还派洪腾老师来辅导我。我有个师兄许斐平（已故）是当时全校弹得最棒的一位，先生规定他每天练琴八小时，因此他几乎不上文化课。我每星期两次上主课，必须完成很多功课，有时弹错了音，先生就用指尖在我脑壳上一弹，我自己就得赶快找错音。有时他的一声"吼"准得把我吓好几天。就那样我养成了仔细读谱的好习惯。在几十年的工作中，我经常会碰到一些紧急情况：刚拿到的新谱子就得录音或上台演出、甚至移调弹奏。因此有人就戏言："洪育慧的眼睛天生是用来看钢琴谱的。"正因为视奏快、能力强，我的工作量就特别大。

我的前半生生活很坎坷，但在事业上却非常顺利，在两个工作单位都能得心应手，这与范先生为我打下的基础是分不开的。记得在附小每学期的期中或者期末考试，我每次都被安排在最后一个弹奏，不管先生什么时候到考场，他的打火机"啪"的一响，准得把正在弹奏的同学吓得把音弹错。但我每次的考试成绩都非常好，而且也不害怕，音乐上非常自信。正因为从小有了这个良好的基础，在几十年的工作中，不论是在部队还是在乐团，在北京音乐厅还是首都的各大剧场，在全国各地的巡回演出，近二十次的出国演出、交流活动，在美国肯尼迪艺术中心为哈默先生祝寿（西方石油公司大王、见过列宁，是中国领导人的朋友），在纽约卡内基音乐厅举办的音乐会担任独奏、伴奏、重奏，与华盛顿交响乐团联合演奏《黄河》协奏曲（中央台新闻作了报道），或是香港、台湾、新加坡、马来西亚、泰国、比利时、西班牙等国家和地区的演出交流任务，我都能独挡一面，顺利完成。我想这些应是给先生在天之灵最大的安慰了。

范先生在教学上是非常严谨的，在为人师表方面也树立了非常好的榜样。记得在学习弹奏《谷粒飞舞》这首曲子（我在附小时有两次被选拔参加"上海之春"儿童专场演出，我还有幸成为孙以强先生作曲的《谷粒飞舞》的第一位演奏者）时，范先生启发我想象农民获得大丰收以后的喜悦，所收上来的粮食颗颗谷粒要饱满，如果谷粒有瘪或空的质量问题，那就不叫丰收。因此每个音符的饱满代表着每颗谷粒的饱满，要我学会有思想地弹奏。碰到学校放寒暑假时，我就可以去先生家上课，每次上完课后，先生都让夫人徐嘉生老师冬天为我准备红豆汤，夏天给我绿豆汤让我解渴，那时我心里是非常感动,尽管我小时候对先生很害怕,可那时我又觉得先生慈爱得像父亲。

"文革"期间,先生遭难,我是非常心痛,但我无能为力。整个中国在动乱,学校也不让练琴了,把琴房都锁上,但有些破窗户却没法关上。有几次我就偷偷爬进去,摸摸琴键,哪怕弹一下《国际歌》、《东方红》也好,其他是什么也不准弹的(要知道我最害怕的体育项目就是跳高了,曾因为多次跳不过去而哭过,但为了弹弹琴键也就什么都不怕了)。"文革"后期可以开始练琴了,在快毕业前有段时间我每天练习时间多达十一个小时左右。

还记得儿时有一次上完体育课因没地方洗手(打篮球的手很脏),又怕迟到,因此抱着谱子急忙往老师那儿赶,刚伸手上琴键便被"啪"的一下打回来,先生要我快去用肥皂洗手。我只得从大学部跑回附小宿舍,边跑边哭,因为那是我儿时学琴第一次,也是唯一的一次挨打,但却让我牢牢地记住了:音乐是神圣的,任何脏东西都不能去碰它。后来参军时,部队发一大堆衣服被子,我却向领导申请发一块擦钢琴的布,那块一米见方的蓝色绒布至今我还留着。在中央乐团排练时,北京风沙大,有时钢琴有点脏,我会请演员们先休息一会,待我把琴擦干净了再排练,大家也非常乐意接受我的习惯,到任何剧场演出,我都会要求把钢琴擦亮了再上台……

怀念先生最好的办法就是做好我现在应该做的每一件事,让先生能在九泉之下安心。如果有来世,我仍将争取被选为先生的一名学子,再次向先生好好学习技术、学习做人!

安息吧!我的恩师范先生,您的学生默默地为您祈祷。

2007 年 2 月于北京

(本文作者:中央乐团钢琴演奏家)

精神的传承

——纪念恩师范继森教授九十诞辰

周 薇

日前接友人电话云，今年是上海音乐学院八十周年校庆，巧逢范继森先生九十诞辰……乍听此话，心中发愣：先生早已过世，如今才刚冥寿九十？再细想，他在"文革"中去世时竟只五十一岁，实在走得太早哇！但正是这位走过短暂人生的范继森教授，为中国的钢琴教育事业注入了生生不息、源

周　薇（左）、范大雷（中）与徐嘉生

远流长的生命力。

时光飞逝,往事如烟,青少年时代的人和事,大多随着记忆的模糊而逐渐消逝,唯有上海铜仁路90弄16号底楼范先生的琴室:那架半旧的三角钢琴,那张摇晃的藤椅,那只配上大喇叭箱的老式唱机,一大堆凌乱的乐谱,还有那弥漫在空气中永远会给学生带来灵感的烟草味……多年来,那里的一切时时浮现于脑海,令人难以忘怀。

上世纪60年代初,一个少不更事而又自鸣得意的小姑娘——我,站到了这间琴室的门口。

第一次上课的情景至今历历在目:

"弹过些什么曲子?"范先生问。

"会弹肖邦练习曲,李斯特练习曲,还有肖邦叙事曲、谐谑曲,还有……"

"行了……"—我的话头突然被打断,

"弹一首莫扎特奏鸣曲吧。"范先生的手指向了钢琴。

我"轻松自如"地弹完莫扎特F大调奏鸣曲K.332,急切盼望着老师的夸奖,可是居然没有得到任何反应。范先生径直走到钢琴边,拍拍我的肩膀说:"今天上课就上莫扎特奏鸣曲的第二乐章。"接下来,他教了我这个乐章的一半,竟然花了两个小时!只记得,那天我满脑子装的都是"打开你的耳朵,仔细听:如果这样弹,是什么声音,那样弹,又是什么样的音色。"呵!原来跟着耳朵的指引,可以在触键上做出这么多种变化的音色。

一星期以后,范先生又花了两个小时,教完了这个乐章的另一半。他告诉我,什么是歌唱性的线条,什么是乐句的方向、高点在哪……我这才领悟到,音乐中每一个音符、休止符,都要经过这样长时间仔细的推敲和磨练。

在这两次被我称作"下马威"的课以后,范先生郑重地向我"宣布"了他对我的教学计划:

"你以前弹的曲目虽然程度深、难度高,可是基本功不扎实,弹得又粗糙,不懂得如何打磨每一个音符,这样下去很危险。现在必须退到零起点,从五指练习开始,狠抓基本功。第一步,先花三个月的时间,集中练习大量的单音、双音五指练习,各种指法的音阶、琶音、和弦、八度等。在速度和力度上每周都要有新的要求。"

看着我满脸困惑的表情，范先生语重心长地说："千里之行，始于足下。钢琴家的双手必须在键盘上具有完全控制琴键的能力，不要让不听使唤的手阻碍你艺术上的发展。"

从此，我乖乖地进入了这种严格得几乎"苛刻"的训练之下，训练的内容主要有：

落臂放松的感觉，手指的独立性，手指的坚强有力，指尖的弹性，从慢到快的速度训练，特殊指法的音阶，琶音训练，各种触键变化的训练，和弦、八度的训练等等。

范先生对学生的技术训练既全面，又有极强的针对性。比如，为解决手指跑动不灵活的问题，他除了给我许多手指独立性的训练，还布置我练习特殊指法的音阶，比如用两个手指：12 12 12 12 或 13 13 13 13，23 23 23 23，34 34 34 34，45 45 45 45 等的指法轮流练习 12 个大小调的音阶。又如，为了使我的小指坚强有力，他让我的手臂从一尺高处自由落下，由弹奏单音的小指支撑住，并以这样的方式练习黑键上的独指音阶。为了解决指间伸张度的问题，范先生让我在所有的大小调上练习分解六度的音阶，辅以手腕和小臂的协调。此外，还加以四个音的八度和弦支撑训练。在练习音阶琶音时，他不仅有系统地进行速度递增的训练，而且非常注重声音的变化，让我用不同的力度，以及渐强渐弱的变化力度来练习。范先生的技术训练是与声音训练结合在一起的。

后来我自己当了老师后逐渐悟到，范先生的这些方法不仅得之于他的老师查哈罗夫的俄罗斯传统，还经过他本人的刻苦钻研和不断探索，汲取了过往许多钢琴教育大师（如车尔尼、李斯特、拉赫玛尼诺夫、玛格丽特·隆、伊索尔德·菲利普、科托）的教学法，融合后形成他自己独特的训练系统。这是一种智慧的积累，也是一种创新，是范先生历经多年演奏和教学的经验后，提炼出来的精华。

最难能可贵的是，范先生每次布置新的训练项目，都非常明确地告诉我，为什么要这样练习。他让学生真正"知其然，知其所以然"，而非模仿或盲从。

由于有了明确的训练目的和这许多变化多端的练习方法,我几乎每天都能感觉到自己的练习成效。渐渐地,这些冗长枯燥的基本功练习,居然成了无比快乐的过程。我深深体会到,在基本功上所耗费的时光与精力是极有意义的,从中得到的成果成了我毕生的财富。在日后的教学中,我始终不忘"工欲善其事,必先利其器"的道理。

三个月以后,范先生对我实施了他的第二步教学计划:在前阶段训练的基础上,一年内集中攻完四本练习曲:车尔尼练习曲 Op. 740、克拉莫练习曲、克莱门第的"名手之道"以及莫斯科夫斯基练习曲 Op. 72。与此同时,学习大量的巴赫复调作品,包括法国组曲、英国组曲和平均律等,其间还穿插一些古典奏鸣曲。

这四本练习曲的训练是同时进行的。对于曲目的选择,范先生本着"扬长补短"的原则,根据我的特点,做了精心的优化组合。这样能提高练琴的效率,大大缩短练琴的时间,加速完成技术训练的目标。范先生通过这些练习曲,不仅进一步扩展和提高了我的技术能力,更重要的是,他要求我把这些练习曲的表情和符合表情的音色弹出来,这样就从纯"工具性"的技术训练进入到一个新的阶段——按照我今天的理解,就是"工艺性"的训练,或者说是一种"表情技法"的训练,为以后演奏大型乐曲的能力打下扎实的基础。

范先生极其重视巴赫作品的教学,严格地要求我手指必须同时能够独立、清晰且富有表情地弹奏出多声部的音乐线条。他总是强调,长时间在复调音乐上的思考与磨练,对于我们弹奏任何一个时代的作品都是很有帮助的。

我在不到一年的时间里超前完成了老师的教学计划,范先生很高兴。当他告诉我可以开始学习肖邦练习曲时,我特别兴奋,自以为可以在键盘上挥戈挺进、长驱直入了。可是没想到,下课时他拿给我一本旧得发黄的乐谱。原来那是法国钢琴家阿尔弗雷德·科托编写的教学版《肖邦练习曲》。每一首练习曲前面都有一大堆为解决技术难题而编写的基本练习。由于文字解释都是法语的,我们只能依照谱例"看图识字"地理解。范先生极力推崇科托的教学版,并花了很多时间研究其中的练习方法,他要我老老实实地先把那些基本练习做好。科托编写的练习确实能解决许多技术问题(而且都是从表现音乐形象出发的),但是有的过于繁琐,如果全盘照练的话,耗时耗力太多。范先生经过认真研究,去繁就简,去芜存菁,挑选出最有针对性、最合理的部分让我练习,并随时根据我练习中出现的问题,再创造出新的解决方法。正如科托自己所说的:"这些方法是通过对技术难题的研究和分析得来的……练习方法只是一个基础,从中可以引申出各种新的练习,来解决每个演奏者个人特有的困难。"在跟范先生学习肖邦练习曲的整个过程中,我深切体会到了什么是研究型和创造性的教学,这对于我日后的教学工作有着极大的启发和帮助。

清楚地记得,范先生很希望科托的教学版《肖邦练习曲》能译成中文,在中国的钢琴教学中广泛应用。当年的我无论如何也没有想到,这个任务有朝一日会由我来完成。若干年后,也许是冥冥中的力量,驱使我产生强烈的愿望,一定要把科托的肖邦练习曲教学版中关于基本练习的文字说明翻译成中文。1985年,在音研所朱少坤教授和汪启璋教授的帮助下,由我翻译的这本肖邦练习曲,终于问世,并在国内钢琴界得到推广应用,实现了范先生的生前夙愿。

范先生十分重视基本功训练,但他从未有"技术第一"的偏见。在他的教学中,只有音乐,始终处于最重要的中心地位,技术永远是为音乐服务的。范先生对音乐表现的追求和钻研也令我敬佩不已。在当年乐谱和音响资料极为匮乏的条件下,他想尽一切办法,收集各种版本和唱片资料,对一首乐曲反复比较研究。当他得知我家中没有唱片时,每星期都从他珍藏的唱片中慷慨地借我几张(当时是33转的老唱片)带回家听,并要我说出自己的听后感,培养我独立思考的能力。

范先生在教授每一首新乐曲(包括练习曲)的一开始,就让我对音乐形象、音乐风格有最明了的认识。通过大量的启发,培养我的想象力。他总是让我心中先有音乐上的目标,然后再寻找实现目标的各种手段和方法。这样可以使我少走弯路,最快、最直接地达到演奏要求。记得他最喜欢引用俄罗斯钢琴教育家涅高兹的话:"心中的音乐形象愈是鲜明,表现意图愈是明确,弹奏技术上也愈能放松自如。"范先生的钢琴教学理念深深扎根于我的心中,成为我日后教学的精神源泉。

范先生给我布置的学习曲目量通常都比较大,且都同时涵盖巴罗克、古典、浪漫等各个时期的作品。尽管要学的曲目多,但他从不容许我在任何一首曲子上马马虎虎、含混过关。他经常教导我,这些乐曲是几百年来经过千锤百炼流传下来的艺术珍品,要珍惜那呕尽心血始能创作出来的艺术品,尊重作曲家们的创意及精神。在实际的教学中,他让我明白,弹好一首曲子,是一个精致的创造过程。全心全意以达到艺术的极致,是他毕生在演奏及教学上的目标。

有几次,范先生给我的乐曲难度较大,我虽然也下了工夫,但是有些关卡老过不去。于是心里会存着希望,老师会不会给我换曲目。可是这样的情况永远没有发生过。范先生用事实告诉我,即使面临的是崎岖之路,也得顽强地、辛勤地一步一步朝前走去。在音乐的生涯中,各种障碍都可能发生,信心是我们唯一能够拥有的东西,它带领我们超越绝望的大堑。他以这样的信念要求他自己,也以相同的信念要求他的学生,不断地超越再超越。他始终点燃我热爱音乐的火苗,唤起我与音乐沟通的欲望,在音乐的世界成长。

作为校外的学生,我跟随范先生学习了将近六年钢琴,这五、六年也是我青少年的成长时期和人生观的形成时期。范先生不仅向我传授琴艺,更以他高尚的师德,执著的敬业精神和对学生的爱心深深地影响着我,成为一生中对我最有影响力的人物。他为我授课,从不计较时间。我只知道上课的时间,不知道下课的时间,因为他总是为我加课加点,不计辛劳和报酬。1965 年四清运动中,音乐学院规定教师们不得带教私人学生。当时身为系主任的范先生向院党委汇报:他"辞掉"所有的私人学生,唯独留下我,并且是免费义务教学。我和父母深深地被他的爱才之心所感动。甚至有时我会觉得,范先生爱我们这些学生,胜过爱他自己的孩子。他总是把最好座位的音乐会票留给我,让范大雷坐到后面去,60 年代的困难时期,他看我弹琴没有力气,下了课会带我去饭店补充营养,而自己的孩子在家没得吃……这样感人的事迹在范先生身上不胜枚举。

最令我难以忘怀的是:"文化大革命"前夕,西方文化(包括古典音乐)

已被大加限制,学校里不能再教西洋作品了。一次我照例去范先生家上课,到了门口,只见范先生突然推着自行车出来,轻声对我说:"去华山路,我的朋友黄纯之的家上课,那里比较安全。"我去了黄老师家,记得那天是在她家的一个亭子间里上的课,学的是肖邦第四叙事曲。范先生满怀激情地为我讲授里面所有的细节,我听着听着,心头突然涌起一种不祥的预感……恐怕这是范先生为我上的最后一节课了! 果然我父母得知后,再也不准我连累老师,不能让范先生冒这么大的风险呵!

谁能料到,接踵而来的惨无人道的"文化大革命"竟夺去了我的恩师范先生宝贵的生命! ……

多年后当我踏进上海音乐学院钢琴系任教,范先生早已离开人世。但是在老师生前工作过的地方,我总是感觉到他的存在。每当我面对学生,就会想到范先生是怎样含辛茹苦地为我付出心血,如今我已没有机会回报他的恩典,但是我可以将他的精神"回报"到学生身上——为学生多付出一些。我欣慰地发现,我的学生们也开始受到我的影响,在他们刚刚起步的平凡教学中,不仅有范先生教学方法的继承,也懂得"师德"二字的份量。

这是一种精神的传承力量。

2007 年 2 月于上海

(本文作者:上海音乐学院钢琴系教授)

忆恩师范继森教授

尤大淳

　　我永远不会忘记1958年9月的日子。严格说来,这是我真正开始专业地学习钢琴的日子,也是我音乐生涯的转折点。因为我有幸遇到了一位杰出的老师——范继森教授。此前我虽然已经是钢琴专业学生,对着一首又一首的名曲痴迷、陶醉,却无法像样地弹好它们。转到范先生班上时,我已

许斐平(左)、徐嘉生(中)与尤大淳

是上音钢琴系本科三年级的学生。

记得第一次弹给范先生听的曲子是肖邦《g 小调叙事曲》（作品 23 号）。这是本人自认为比较"拿手"的曲子，因为我听过无数次法国钢琴家阿尔弗雷德·科托的唱片录音，对他那酣畅淋漓的演奏极其崇拜。于是弹奏时竭尽模仿之能事，不仅仿效他妙不可言的乐句处理，还让自己不听使唤的手指，以"科托"式的超快速度在键盘上冲刺。结果弹到乐曲的尾声部，也就是最高潮时，情绪激动的我速度失控、节奏混乱，手指在琴键上动弹不得了。范先生连声叫停，开始给我上了第一课。

这一次课令我终生难忘。因为这不是一堂普通的钢琴课，教一首乐曲而已。最重要的是，范先生从观念上对我进行了"改造"。他要我明白：在音乐的再创造里，千万不能只顾着模仿他人的诠释而失去自我的想法。因为音乐的诠释是属于个人的。那种模仿他人的音乐表达，听起来既不自然又不真实。在音乐的世界中，唯有经过艰辛的磨练与研究，深刻地了解乐曲内容后，才能咀嚼出完全属于个人的、能使人信服的音乐语言。但是要做到这一点，谈何容易哇！

范先生说，万丈高楼平地起，弹钢琴的第一步必须先讲章法，讲规范。"章法"？"规范"？这些字眼对我陌生而新鲜，但我已能感觉到老师口中传出的份量。就拿这一首肖邦叙事曲来看，范先生首先对我分析了乐曲的音乐形象、整体结构，指出乐段与乐段、乐句与乐句之间的关系。他说，要把握乐曲的整体性，关键的要素是速度和节奏。整首乐曲在速度和节奏上要有统一的安排和比例，否则会因沉湎于细节而支离破碎，丢失大的结构框架。所以一定要具备从理性上对速度节奏的控制能力，不能任凭情绪的波动来左右自己的演奏。除此之外，范先生又对我弹奏的声音提出许多要求。过去我从不知道表现一首乐曲需要这么多声音变化，也没想到钢琴触键上会有那么多的可能性。范先生告诉我，乐曲中的各种情绪都应当有特定的音色来表现，这样才能鲜明地表达音乐的性格。钢琴上的声音除了依靠手上的功夫外，脚上的踏板控制也必不可少，所以演奏者的耳朵必须时时聆听，连一个细小的不和谐音都不能放过。另外，钢琴是一件和声乐器，也是一件复调乐器，弹琴者心中对乐曲的和声进行、声部层次都要有"音乐蓝图"，有了蓝图,才能寻找练习的方法。他详尽地分析了叙事曲尾声部的声部线条,既有左手的低音线条,又有右手拇指勾勒的旋律,以及右手其他手指同时奏出的声部。奇妙的是,当音乐上的关系理顺了以后,技术上的难题也迎刃而解了。

此后我发现,范先生每次上课对我指出的问题都特别具体、明了。他从来不说模棱两可或者泛泛而指的话。所有的问题都落实到细处,具体到每一个音的触键、每一个和弦的声音、每一个踏板的用法。所以每次上完专业课后,都有一种满载而归的感觉,回去练琴时方向特别明确。不像以前,上完了专业课也不知道自己究竟要练什么。

固然,范先生对我提出的种种要求不可能在一、两堂甚至十几堂课上全部解决,许多东西是需要经过细磨精练才能做到的,但当时他在课上给予我这许多基本观念,是我前所未闻的。他似乎突然在我面前打开了一扇窗户,让我看见了新的光亮和希望——这是从真正的钢琴殿堂里传来的光亮,让我第一次见到了钢琴演奏要达到的极致标准,认识到我们毕生要攀登的高度。范先生给我的这些基本观念和高标准,一直指引着我日后的学习、演奏和教学之路。我深切地体会到,能改变学生观念的老师是学生终身的恩师,哪怕他离开了人世,学生也会无时无刻地感觉到他的存在和教诲。范继森先生就是这样一位老师。

范先生除了在课堂上要求学生一丝不苟地打磨每一首乐曲,还非常强调学生的学习演奏会。他认为,学生学完一首乐曲,哪怕弹得再好,如果没有经过舞台表演的实践,都是不可靠的。记得我进入范先生的班上学习以后,进步很大,不久被选为参加1960年华沙肖邦钢琴比赛国内选拔赛的候选人。在那一个时期,我按照新的高标准,集中学习了大量曲目。但是我的演出训练还很不够。范先生要我把经过一个阶段调整后的肖邦《g小调叙事曲》,到学习演奏会上弹一次。谁知到了台上,演奏环境的陌生感以及面对观众的心理压力,使我弹到情绪激动时,又失去了控制速度和节奏的能力,把这首曲子弹"砸"了。范先生说,这是正常的,鼓励我不要泄气,坚持让我连续上了三次演奏会,从演奏实践中不断巩固和提高,最终在选拔赛上把这首作品演奏得很成功。这件事对我的印象很深,在我日后的教学中,我始终坚持范先生的观点,把学习演奏会或演出训练作为教学中一个很重要的环节来抓。

大学毕业以后,我留校担任附中专业课老师,同时也是范继森教研组的成员之一。范先生对音乐学院"大、中、小一条龙"的教学体系付出了巨大的心血。

除大学部的教研组活动以外,他尽心尽力地培养我们附中的青年教师,经常定期检查我们的教学质量。甚至每周辅导一、两位青年教师选出的学生。他中肯地指出我们的学生存在的问题,提出解决问题的建议,使我们得益匪浅,大大提高了我们的教学能力。

范先生爱才若渴,对他所赏识的学生倾注了全部的爱。在这一点上,我有过切身的感受。他不论是给我上课,还是指导我的教学,向来都是加班加点,分文不取。为了培养国际比赛的优秀人才,他非常强调对重点学生的特殊培养,在生活上无微不至地关怀我们,为我们创造良好的练琴条件和争取必需的练琴时间。

范先生有着崇高的人格和宽宏的胸怀。他热爱事业,把钢琴系搞得有声有色。当年教研组定期举行不同专题的学术讨论,大家都畅所欲言,交流心得体会,形成良好的学术氛围。不仅如此,范先生还团结李嘉禄、李翠贞、吴乐懿、张隽伟等教授,在钢琴系提倡团队精神。当时系里凡是有国际比赛的选手,经常是大家一起帮忙,对学生的准备大家都很投入,把学生的获奖看作是集体的、国家的荣誉。在范先生的带领下,上海音乐学院的钢琴系成绩斐然,人才辈出,进入了黄金时期。

在今天纪念范继森教授九十诞辰之际,我们缅怀他,更要以他为榜样,继承和发扬他当年为钢琴系奠定的优良传统,把中国的钢琴教学事业推上新的高度。

尤大淳口述　周薇整理

2007 年 3 月于上海

（本文作者：上海交响乐团钢琴演奏家）

怀念恩师范继森先生

林　玲

　　我有幸拜范继森先生为师,前后约有十年之久。自 1956 年进上音钢琴系一直到"文革"开始,中间除了在 1958 年至 1959 年去北京师从苏联钢琴家塔·克拉芙琴科的一段时间外,始终在他的谆谆教导下成长,并在以后的

1961 年夏范先生班上三位毕业生合影

左起：顾其华、林玲、李文蕙、尤大淳

教学生涯中遵循他的教诲,时时以他为榜样来鞭策自己。

范先生对于教学极为认真负责而又充满热忱。他要求学生有明确的学习目标,既能弹好本国的钢琴作品,又要对西洋古典音乐有深入的理解。因此,无论在教材的选择,还是技术训练的针对性方面,他都是经过深思熟虑,周密安排,并且结合我的具体条件,一步一步地引导我的。

范先生上课要求非常严格。假如学生没有足够的准备,就去他家回课,他会很生气。因此他班上的学生练琴都很努力,期望能够得到他的肯定。平时他不轻易表扬学生,若是偶然听到他的赞扬,我们就会像中了奖似的高兴。他虽然严格,但也民主。对于学生在演奏上的错误和缺点,会毫无保留地指出批评。同时,他也会通过示范演奏,来说明他的意图,让我们去领会和消化,并且通过反复的尝试,来达到他的要求。但是如果我们坚持自己的观点,只要他觉得有其道理,也会接受。因此每次上课,总是一种愉快的经验,两个多小时的一堂课,仿佛一瞬间就过去了,让人期盼着下一次课的到来。

范先生首先注重引导学生深入理解音乐作品的内涵。除了与我一起聆听不同演奏家的录音以外,还与我研究和比较不同的版本。为了弥补院里资料的不足,常常想方设法去其他地方寻找。当年刘诗昆家里有丰富的藏书和唱片,他就时常带我去那里,一起查阅欣赏,分析讨论。在音乐处理上,他提醒我,不要人云亦云,也不要尽信权威的观点,要吸取各演奏家的特点,更重要的是要有自己的个性,善于发挥自己的特长。记得我有一次企图不顾自己手小,贸然在课堂上弹奏一首不适合我的大型作品。范先生发现后,并不是强制性地压服我,而是耐心地以谈心的方式,在公园里边散步边分析我的问题,劝导我正确面对自己的实际情况,要保留自己的演奏特色。同时,他在手的伸张方面给予具体指导,帮助我克服手小的缺点。

范先生一向重视基本功的训练,常常示范和解释不同技术的不同特性。针对我手小的情况,在指法的选择上,采用一些适合我的特殊练习,提供各种指法让我选择,一旦选定,就固定下来反复练习。他还有很多灵活的练习方式,有些是自己编的,有些选用某些作曲家的特殊教材,让我在手小的不利情况下,仍然能够发挥潜力,尽量达到最佳的效果。在1960年的华沙肖邦国际钢琴比赛中,我所演奏的肖邦《升 g 小调练习曲》作品 25 之 6,就是按照范先生指导的方法,使我能够在较短的练习后胜过练习较长时间的其他选手。而我演奏的第四号叙事曲作品 52,让听众们都不知道原来我的手是这么小。

范先生教学的一个特点,就是根据学生的实际情况,帮助解决他们在技术上的疑难。比如,当年院内举办了中国钢琴作品比赛,在第三轮比赛时,大家都必须在同一时期内准备和演奏同一首乐曲,那是丁善德院长新创作的托卡塔《喜报》。师生们事前都没有见过乐谱,也没有任何参考资料。这是一首以极快板来表达欢庆情绪的作品,在技术上有相当的难度,尤其是连续快速的双音及和弦,对于手小的我更是一种考验。为了让它们在弹奏上达到绝对整齐,范先生凭着多年丰富的教学经验,建议我把立式钢琴的挡音板卸下来,看着榔头的起落练习,因为榔头的碰触是非常敏感的,稍不留意,只要几个手指不在同 一时间里触健的话,它们就会立即反映出来。甚至在耳朵尚未感到细微的不同时榔头的上下,就已经显示出来了。我就是按照范先生的指导坚持练习,弹出成绩,取得了比赛的第一名。

范先生在培养学生的各种音乐技能方面,比如听觉的敏感性,记谱能力等等,都有自己独到的办法。记得在学习巴赫的赋格时,他要求我分别把每个声部的进行都背下来,又要求我从头脑中设想有一个键盘,然后要能够逐个小节地默记。要求知道自己弹奏的每个过程,记住每个音符,而不是只凭感觉或者手指的惯性动作。这样来训练一个独奏者所必具的清晰头脑与记忆力。经过这样的基本训练之后,我可以在复调音乐中清楚地听见各个声部的进行,使我不但在院内的巴赫比赛中名列前茅,而且演奏其他作品时更有信心。范先生常说,基本功是一种生产工具,如果没有好的工具,即便有再好的构思和设计图,都无法做出好的成品。范先生班上的学生的演奏实践,证实了他这个论点的正确。

为了提高青年教师的教学水平,院里提出以范先生领头,全部由他的学生王羽、廖乃雄、尤大淳、洪腾和我,组成"一条龙"教研组,学生则包括大学部、附中和附小。每当开学之前,教研组的各个成员均需准备好学生的教学大纲,在组内提出,讨论通过。开学后,范先生亲临教室,聆听我们授课的全过程,然后提出详细中肯的意见。学期中,定期让我们选拔各自的学生,在教研组内上大课,听取大家的意见,取长补短,并且检查教学大纲执行中的优缺点。后来活跃于音乐舞台上的几位演奏家如许斐平、朱贤杰、陆三庆等,都上过这样的大课。

教研组还定期举行不同专题的学术讨论,由各位老师轮流主讲。廖乃雄老师主讲次数最多。在讨论会中大家畅所欲言,交流心得体会,让当时还是青年教师的我们得益匪浅。时至今日,我还相当怀念当时教研组活动中那种良好的学术气氛。

当年的许多往事,回忆起来仍然历历在目。记得有一次我看了一部日本电影《这里有泉水》,其中的主题音乐是来自李斯特的《降 D 大调音乐会练习曲》。我被这首乐曲吸引了,很想试着弹奏。但是这首曲子当时并不在我的授课计划中。当我向范先生提出想弹这首作品时,他并没有因为它或许称不上经典作品而拒绝我,只是说:"如果你有乐谱就可以学。"因而我每天去图书馆抄写乐谱,抄完后高高兴兴去弹给他听,范先生也一如既往地认真教我。来到多伦多之后的第一次音乐会节目中,这首乐曲也是其中之一,很受听众欢迎。这个手抄本我一直保留至今。

我还记得五十年前(1957 年),上海音乐学院在兰心剧院举行的校庆三十周年纪念音乐会,我荣获机会与多位前辈一起演出。当时我担任钢琴独奏,演奏了舒曼的《童年情景》组曲作品 15 号。整个组曲是由 13 首小曲组成,其中每一首均得到范先生的精心指导,演出成功是一次难忘的经历。此后,在国内外的每一次成功演出都与范先生的教导分不开。可惜的是他因病早逝,使我痛失良师。

五十年后的今天,当我再次翻阅以前演奏过的乐谱和演出照片时,感慨良多,充满了对导师——范先生的怀念。他的敬业,为人的正直,勇往直前的作风,他对教学的热忱,以及把自己的知识无私地奉献给祖国的钢琴事业的精神,永存我的心中。

2007 年 2 月　于加拿大多伦多

(本文作者:原上海音乐学院钢琴系教师)

敬爱的良师范继森先生

乐仁道

　　自从我入上海音乐院附中至大学,除一年以外都由范先生执教我的钢琴。他为人谦和,教学严谨,一丝不苟。上课时要求学生弹得细致而完善,逐音逐句揣摩。从句子到风格,从音色到音乐表现,从踏板到整体音响效果,他都要学生下工夫。音乐和演奏技术的完整性,他认为是不可偏废而应该有机地结合在一起的。

　　记得进入附中时,范先生让我弹李斯特的第十二号《匈牙利狂想曲》。

范大雷(左)与乐仁道

乐曲一开始，他要我弹出好像乐队铜管乐器一起奏出的那种强而又具有穿透力的号角声，音色明亮而结实，而且乐句要有一定的流动性。如果用一只手八度来演奏，难度高而效果差。他让我用双手弹开始这个音，确实达到了非常好的音响效果，这是一个手很难以做到的。在 un poco piu lento 这一段，范先生要我弹得非常柔和，而且用 rubato（自由速度）奏出具有丰富表情的乐句。这样，前后形成很大而绝妙的对比，从而使音乐具有更丰富的感染力。在这首乐曲中，充满了各种音响、音色和技术手法，但是这一切必须服从整个音乐形象，以达到整个乐曲的统一性和完整性。

范先生的整个教学实践，更是一个创造性的教学实践。这种精神给予学生很大的启发，使我在整个学习和教学过程中，能够常常以创造性的态度来改进和提高自己。就我所知的范围，在钢琴弹奏技术这一领域中，还是相当的混乱，各使各法。从而使很多钢琴学生，弹坏了手，不能演奏。这是很大的损失和浪费，也使学生蒙受极大的痛苦。我通过研究和思考，明白了至关重要的普遍原理，那就是力的合理运用及力的巧妙传递。运用这一原理，可以达到较为理想的效果，使我在教学实践中，取得较大收获。我愿以此告慰忠诚于教学事业的范先生老人家。

范先生作为钢琴系主任时，能主持正义，不计个人得失，孜孜不倦，带领全系师生，为国家培养了一大批钢琴人才和优秀教师。当时，上海音乐学院的钢琴系，成为全国高校著名的院系之一。

范先生平易近人，课后与学生有说有笑。记得有一次他亲自烧了一碗水晶肉让我品尝，其味鲜美，至今不忘。在他动过肝脏大手术后，我烧了一个完整的麻油鸭，送去医院请他品尝。他胃口大开，说："好吃！好吃！非常好吃。"使我感到莫大欣慰。岂料医院一别竟成永诀。每思及此，悲泣不已！

2007 年 3 月于加拿大多伦多

（本文作者：旅加拿大钢琴教师）

永不忘怀的师恩

顾其华

　　得知今年是范继森先生九十大寿时,脑海中顿时思绪万千,有一种不可名状的心情。我这个做学生的,对老师是感激、是遗憾、还是愧疚……说不清。心想要是范先生您还在世,那有多好呀! 我们所有的学生,一定会好好地为您庆祝寿辰,但您,早在四十年前含着伤痛离我们而去了……

　　五十年前刚到范先生班上学习时,我还是一个懵懂无知的 16 岁的孩

2005 年在纽约林肯中心前

子。钢琴基础差、贪玩、懒惰，根本不知何为"刻苦"二字，除了手大，年龄小，别无优势。但范先生并没有嫌弃我，从本科一年级到大学毕业，坚持教了我五年，我有多幸运呀！

　　记得进本科上第一堂课时，范先生布置我学习莫扎特《d小调钢琴协奏曲》。在课上，范先生看似脸上无多表情，常让我望而生畏，但授课时，却十分细致和耐心，处处严格地以钢琴演奏的高标准要求我。授课一开始，范先生就强调，弹协奏曲除了右手的主题要弹好外，左手双音的伴奏声部也同样要有音乐，乐句的语气和声音都要控制得很好。当连接部的左手出现悲剧性的动机时，他要求我在Cresc（渐强）中突出动力性的重音，层层推进，直到高潮；左手弹 ƒ 力度的分解八度时，我的手酸得厉害。范先生就让我放松手臂，左右摇动手腕，我顿时感到既轻松又有效果了。范先生在教我弹奏展开部右手大段的十六分音符分解和弦时，不仅强调手腕的运用，还在乐谱上画好踏板及强弱记号……总之，范先生在教学上，着眼于音乐的表现，触键的变化层次，乐句的处理，同时又结合弹奏方法和技术的训练。教学中的方方面面都步步循序，十分具体，毫不含糊。当我把协奏曲练得稍像样时，范先生就在另一架钢琴上为我伴奏。他那有力的双手和充满激情的弹奏，瞬间奏出丰满的乐队效果，使我沉浸在酣畅淋漓、充满活力的旋律中，第一次感受到莫扎特音乐中那震撼心灵的魅力与激动。现在回想起来，那时我有多幸福呀！

　　范先生对学生手指功夫的要求很高，但我记不得范先生课堂上"K"我手指的事，更没有练习过如披什那、菲利浦等乏味的五指练习。但范先生通过自己的研究、探索，创造性地制定出一整套从音阶、琶音、分解和弦、到八度和弦等钢琴基本技术的训练方法，系统完整、丰富多样、切实有效。特别要提及的是，当学生在练习琶音、分解和弦、分解七和弦时，范先生始终强调要充分利用手腕、手臂的运动（在弧形转动中的重量转移），以增强指尖的力量，做到用腕灵活、放松，声音清晰、明亮。通过各种三和弦和变化七和弦的转位练习，使五个手指快速适应键盘上各种不同位置的变化。范先生还采用分解和弦与和弦相结合的练习方法，让手指弹奏八度和弦时，力量集中，支撑扎实。我在范先生班上学习的几年中深深体会到，老师给我的各种技术训练,使我无论在手指的力度、速度,还是声音的控制能力上,都有全面的提高。使我在学习不同时代作曲家的各种乐曲、协奏曲、奏鸣曲时,对所遇到的各类技术难点都能比较顺利地解决。特别是日后在指挥系的工作中,我接触到诸多交响乐、清唱剧、歌剧等大型乐曲,其中那些非钢琴化的极速性片断,也能应对下来。范先生,我真该好好地感谢您!

范先生特别重视钢琴基本功的训练,但他从来不是单纯为技巧而偏废音乐表现。相反,范先生在教学上一贯严格要求学生,在表达音乐作品时,要做到技术与音乐的完美结合。他追求的是正确的风格,完善的技巧和高贵的音乐表现。大学三年级时,范先生让我学贝多芬降 E 大调第 18 首钢琴奏鸣曲,由于第一、二、四乐章的技术性及音乐性都较强,需要花时间练习。而第三乐章是三段体的小步舞曲,我认为很容易弹下来,无需多花时间。但在课堂上,唯有这首短小的小步舞曲,范先生却一次次不让我通过,他每次总对我说:"不行,你没有理解音乐,按谱上要求再去练习。"直到第五堂课,我弹出了深沉典雅且富歌唱性的主题,弹出了通透、沉稳而又对比鲜明的跳进和弦,以及把乐曲中三个声部的层次都富有表情地交代得清清楚楚,范先生这才对我的弹奏表示满意。范先生对学生的音乐表现始终坚持高标准、严要求,即使是短小的作品,他也启发学生反复琢磨,用耳倾听。通过这次学习,让我真正懂得所学的作品无论大小,都要用心去体会音乐,表达音乐。

记得我在学习肖邦的第四、第五两首练习曲时,范先生重点教我如何用表现不同音乐形象的触键方法,来弹出快速明亮及轻盈透明的各种音色来。当时我学了两个多月,自以为练得差不多了,就斗胆向范先生提出:"我已练两个月了,学新的吧!"范先生说:"啊——?练两个月就不肯练了吗?真要练好肖邦练习曲,得下两年的功夫!",他随即放了刘诗昆演奏的肖邦第五首"黑键"练习曲的比赛录音。啊!多么辉煌的技巧,激情洋溢的闪亮音流在他的指尖下一泻千里,自始至终扣人心弦……顿时让我目瞪口呆。听完后,范先生对我说:"你的手指那么软,根本发不出具有穿透力的金属般的声音,还得回去练!""金属般的声音"是技术,更是音乐,当年我并不理解,后来再练,也没有做得令范先生完全满意。过了若干年,当我在北京听卡拉扬指挥柏林爱乐交响乐团音乐会时,突然感悟到了范先生多年前所说的"金属般闪光的声音"。此后我在指挥系的工作中,当弹到贝多芬、勃拉姆斯、柴科夫斯基交响乐的高潮段落时,又进一步体会到"具有穿透力的金属般的声音",绝非简单的音量、力度,更不是粗暴地敲打,而是音乐激情暴发出的一种力量,是震撼人心的崇高精神,它需要演奏者全身心地倾情演奏。范先生您真是目光深邃,对音乐的追求高有多高呀,我自愧差得太远了。

大约在1959,学校掀起了"教学革命,批判产阶级思想"的运动,每一个学生都必须贴老师的大字报,为响应革命号召,我和林玲、洪腾三人,挖空心思,联名写了范先生一张大字报,全文内容是:"范先生,挑学生,共有三大宝,一宝手力大,二宝乐感好,三宝要男将。"这张并无质量的"大字报"贴出后,我想想很不对头,林玲、洪腾的手都偏小,我的力气则更小,而范先生接受我们三人,明明都是女生,这不是自相矛盾吗?我心想,范先生看了这张大字报,一定会对我们这些没良心的学生不高兴了。更尴尬的是改天还得去上钢琴课,我这个每次上课进门、出门从来不敢正视老师的学生,这下子就更害怕了。但范先生完全没有计较我们的大字报,仍像往常一样给我认真上课。他深知这不是我们学生的本意,他本着无私无畏的宽阔胸怀,和对我国钢琴教学事业的高度责任心,原谅了我们这些不懂事的孩子。范先生,您对我们真是太好了。

其实,范先生多年来面对政治生活中的大小风浪,都心胸坦荡,泰然处之。您有着高尚的品格,全心全意、爱国爱民,对工作从不计较名利得失。今天我们怀着崇敬的心情缅怀您,思念您。是您把自己的一生无私地奉献给了中国的音乐教育事业,为发展、提高我国的钢琴教学水平,您对学生尽心尽职,默默耕耘,对艺术精益求精,睿智卓见。您是中国优秀知识分子的典范,是我们晚辈的学习楷模。有幸作为您的学生的我,得到了您五年无私的教诲与培育,不但把我领进了钢琴艺术的殿堂,更使我得到了无尽的智慧与力量,让我终身受益。再次深深地感谢您,范先生!

2007 年 4 月于上海

(本文作者:上海音乐学院作曲指挥系副教授)

以小调式谱写的人生

顾国权

1968 年的农历年新年，我是在范继森老师的家里过的。当时，我正在上海为调动工作奔走。我相信，这是一个有生以来最凄凉的新年。走在街上，只见满地的枯叶和大字报的碎片在寒风中互相追逐。街道上凡是有墙的地方，贴满了大字报，有的竟是五、六层之厚，高音喇叭依然声称"形势一片大好"……而我的范老师，早已在癌细胞和重复、无聊、却又冷血无耻的政治批斗的双重袭击下卧床不起了。

顾国权（左）与范大雷

　　1966 年"文革"一开始,上海音乐学院钢琴系主任范继森教授就成为后来被称作"资产阶级反动路线"的第一批打击目标。荒唐而又不幸的是,不久以后,原先被所谓的"资产阶级反动路线"压制的造反派掌权了,范老师却继续被造反派叫去带病接受批斗,并且是"文斗"加上"武斗"。我亲眼在学院南大楼的批斗会上看到一个老师昔日的得意门生朝他的头上打去。第一拳后,老师挺起原本半弯着的腰,责问:"你为什么打人!"门生说:"我就是要打你!"继续出拳,直到把重病在身的范老师打倒在地……

　　这一年的冬天,范老师正依靠朋友和学生们偷偷凑起来的煤球,在他的小亭子间里生着了火炉,度过他生命的最后几个月。范老师的肝癌已呈后期状态,肝腹水,肚子凸起得像一面大鼓,皮肤表面暴满了青筋,可是脸部和身体却瘦得只剩骨头。不定期的无规则的腹泻已经只能依靠服用含鸦片的药水暂时加以缓和。范老师知道这其实是慢性自杀,因为鸦片的含量必须逐渐增加,而腹泻却仍然会继续。最要命的是由于肝功能的逐渐丧失,造成经常性的出血不止,却又买不起止血药。好几次,范老师鼻子出血,仰卧时倒流回喉部并结成血块,塞住了气管。我不得不先用镊子或筷子夹出血块。出血量大的紧要关头,只好把手伸进他的嘴里,一把一把地抓出血块以防窒息。有一次,抓出来的血块竟在那个老式的高脚痰盂中装满了大半痰盂。

　　当时,范师母自己也必须每天去音乐学院写交代;大儿子范大雷本来是一位很有功底的钢琴家,却被分配到上海手风琴厂当工人,不便经常请假;老二范金陵已去安徽插队落户;连那位忠心耿耿的老保姆"腊弟子",可能由于当时的政策,也经常不在家里。于是,通常是在白天由我在家陪伴老师,而晚上,则经常要劳动师母和大雷送老师去第六人民医院急救了……寒冬,癌细胞,政治上的巨大压力,令老师和全家疲惫不堪……病了,大家都病了。

　　2 月 21 日,我去向范老师告别,告诉他,在陈新之夫妇和郑小维的奔走下,浙江省的调令已经发到吉林省去了。我必须跟踪而去,以防节外生枝的事情发生。在他的床前,他再三向我叮嘱:"千万不要吵架!"这句话也成为老师对我最后的教诲——3 月 1 日,他在一次肝昏迷中永远地走了。

　　老师,学生驽钝,三十九年来,虽然从来没有忘记你和你的教训,可是一不小心，就又会同别人争论。倏忽间，已届耳顺之年。在此向你保证，我一定继续努力！

范老师是一位坚强乐观的艺术家。在和老师相处的最后的日子里，无论癌细胞在他的体内如何猖狂，从来没有听到过他的些许呻吟。他最大的享受只是让我用洗衣服的硬板刷在他全身上下用力地刷呀，刷呀，多少可以止痒片刻。他也喜欢听我读各种各样的小报，还时不时地发表一些评论。这时，旁人绝对看不出他自己就是那所谓的"运动对象"。

范继森与范大雷

范老师又是一位美食家，他买了许多菜谱。我最初的"烹调"知识就是从他家里那些菜谱上获得的。有一次，他教我用一个小砂锅在他亭子间的火炉上熬小排骨汤，熬了一天一夜，香味满溢。不幸，第二天加煤球时，我把砂锅放在冰冷的地上，只听见"卡拉"一声，砂锅裂开了。老师连声"可惜，可惜……。"其实，他已经不能喝汤了，闻闻罢了。他又教过我如何做葱油饼，油酥饼，如何把羊肉切薄，如何调制水饺馅。可真到上桌时，他也不过是看着大家吃，过过干瘾而已。大雷告诉我，"文革"刚开始时，有一次老师从批斗会回家途中，骑着他那辆除了车铃常常不响、其他部件都响的老爷车，居然还敢上小馆，说是"补补元气"，更居然敢对服务员说："我提个意见，你们的菜质量不如以前了。"

范老师对学生是非常爱护的。1962年我读附中初三时被范老师收入他的班上，于是认识了就读附小五年级的许斐平。许斐平胆小，每次到他的宿舍聊天，他都不放我走，要我陪他。有一次，为了留住我，斐平说："吃糖！吃糖！"然后扔给我一纸袋糖果，足足有半斤。我很奇怪，当时大家都是饥肠辘辘，连饭都吃不饱，他倒是从哪里得到这么多糖果的？斐平稚气地说："这是范老师给的！"那天晚上，我们俩愉快地边谈边吃，很快就把半斤糖果吃个精光。后来，在学院大礼堂听斐平把肖邦作品第十号中的《升c小调练习曲》弹得那么"刮拉松脆"，不服也得服。这些糖果进了我的胃里，一点也不起作用，手指照样打滑。进了斐平的胃里，只见他进步神速，两只手长得又白又大，附小毕业时已经可以和上海交响乐团合作演奏肖邦的《f小调钢琴协奏曲》了。后来进了附中，那首肖邦作品第十号中的《C大调练习曲》简直是被他以千钧之力弹得排山倒海！大雷也很服斐平，他告诉我，作为儿子，他在家里也不见得有斐平那样的待遇。当然，大雷从小少年老成，他讲此番话语时，显然是一副庄重的爱才口气。

范老师如何省下自己的牛奶给斐平喝，已经是人人皆知的故事了。极具讽刺意味的是，在范老师病重的日子里，听说许斐平被批为修正主义的尖子，苗子；老师心疼，就让大雷和我一起到附中找到斐平，动员他一定要在第二天的批斗会上发言批判范老师。斐平说："我实在没有东西可以批判呀！怎么办？你们帮我想想。"我们就说："抄抄报纸，再加上一段如何用糖衣炮弹来毒害你的例子，譬如给你喝牛奶等等。"第二天，斐平还真的发言了。脸部表情作"愤怒"状，不过一听其发言的语气，明明是言不由衷，底气不足啊。

作为"范继森钢琴教研组"的灵魂人物，范老师的教学有目共睹，就连殷承宗也曾经在他当年主持的"《黄河》学习班"上称赞范老师的教学法，这在当时也是犯忌的。多年来，大家习惯于谈论范老师训练手指的一套方法。范继森钢琴教研组中也确实是称得上"高手林立"。大学时代的林玲和中学时的许斐平弹出的肖邦"双音"练习曲令人如痴如醉,至今,闭起眼睛,我仍然能回想起他(她)们手下那密集、快速、飘忽的三度音半音阶。洪腾曾经受范老师的委托教我弹莫扎特《D大调奏鸣曲》的第二乐章。据说这首奏鸣曲是她赴罗马尼亚埃涅斯库国际钢琴比赛的参赛曲目,她教起来也真是不同凡响,非常人性化地、用极其普通的语言,她很快就把我带进了音乐。现在回想起来,我对在器乐演奏中的句法和呼吸的领悟,正是在学习这个第二乐章时首次受到启蒙的。廖乃雄博学广思,可惜我却是"茅塞'不'开",对他讲的东西常常似懂非懂。有一次他把前苏联钢琴教育家涅高兹所著的《论钢琴表演艺术》借给我看。出于对廖先生的崇拜,我把他写在书上的评语读了又读,读得比读涅高兹的本文还仔细。后来我自己又买到了书,第一件事情就是把廖先生的评语抄在新书的同样位置上,外加照抄廖先生在原书上的全部着重号。回顾起来,少年时代,幼稚归幼稚,但在范、廖两位先生的指导下,我很早就注重对作品的推敲分析,试图从结构上来理解和掌握音乐,我相信对音乐总体上的掌握可以弥补我技术上的不足。这一点在以后的音乐生涯中也得到了证实——1985年,我在旧金山音乐学院以GPA四点零的成绩获得硕士学位,我的毕业论文分析波兰当代作曲家卢托斯拉夫斯基的音乐中的结构,教授评语:"令人印象深刻并且读起来感到愉快。"香港的一位音乐评论家曾经这样评论我的演奏:"他的章法结构是层次分明的,每一句,每个音都有经营、有雕琢。他使我想起中国古代的苦吟诗人贾岛。"其实,这不正是"我们范派的传统吗"?

除了"训练手指"的一套方法以外,范老师更注重音乐上的表述。在不拘生活小节的表象下,范老师其实是一位对悲剧性和英雄性的表现特别敏感的音乐家。我记得他教我弹巴赫的平均律第一册中的《g小调序曲和赋格》以及勃拉姆斯的《降e小调间奏曲》时,对我弹不出赋格中的悲剧意味十分失望,连声说"你不懂,你不懂!"当然,在当时的年纪,加上我自己的资质只是中等,我也弹不出间奏曲的中段老师所要求的英雄气概。不过,老师用广阔的曲目打开了我的眼界,使我受益一生。60年代的附中,大部分学生的曲目就是车尔尼练习曲,巴赫,一首奏鸣曲,加上一点肖邦、李斯特的作品,一弹就是一学期,应付考试。范老师则敢于在短时间内让我接触大量不同风格的作品。大雷有时候更是"火上加油"。有一次,星期一老师布置了贝多芬《悲怆奏鸣曲》的第一乐章作为新功课,第二天大雷告诉我:"阿拉爷叫侬礼拜四背出来。"为此,我半夜醒来,躺在床上实在背不下去了,只好起来读谱。三天后的课上,我背奏了第一乐章,老师问:"我没有要你背,你怎么背出来了?"我说:"大雷说你要我背的。"老师:"这个家伙!"现在的学生大概想象不出当年的学生对老师敬爱的程度。我读附中的六年中只有一件当时被称作"人民装"的上衣。还好身材一直保持得不错,我的父亲又有先见之明,买得大了一些,所以这件带有风纪扣的人民装一穿就是六年。每次去上钢琴课的前一天,我必定把上衣洗得干干净净,第二天就穿着这件常常是尚未干透的衣服去上课了——不过一定是扣上风纪扣的。那天,听说老师要我背谱,我怎敢不背呢?

　　大雷喜欢在门外旁听父亲上课以及与同事朋友们的交谈,这些也经常成为大雷和我之间的聊天内容,同时又是知识来源。有一次大雷告诉我:"阿拉爷讲,给学生功课,程度应该跳的时候就是要跳,不要怕手指跑不快。"这里所说的"跳",实际上就是指曲目的广泛。只有通过学习不同作曲家和不同风格的作品,在相互对比之下才能加深对每首具体作品的理解。试想,没有研究过贝多芬的后期奏鸣曲,如何得以深入地诠释其早期作品?反之亦然。至于"不要怕手指跑不快",其实就是强调以教音乐为主,教技术为副。车尔尼宣称他的练习曲是为学习贝多芬的奏鸣曲而做准备的。可是贝多芬并没有学过车尔尼的练习曲,为什么仍然是一位钢琴大师呢? 更何况,在贝多芬的时代,钢琴家们只需演奏贝多芬及其前辈的作品。现在可大大不同了,最近,在加利福尼亚州音乐教师协会的乐曲指南中,连德彪西也已被列为浪漫派作曲家了。如果现在我们还把车尔尼的练习曲奉为学生程度的主要指标,学习其作品 599 就是为了接着学习作品 849、299,以此类推,那可真是本末倒置啦! 事实证明:一位音乐修养高尚的音乐教师比较容易教出优秀的学生;手指跑得快,但缺乏音乐修养的音乐教师却很难教出优秀的学生。

　　现在回想起来,范老师似乎偏爱在小调式上写的作品。初中三年级那年,老师要我学习巴赫的 b 小调《法国组曲》,贝多芬的 c 小调《悲怆奏鸣曲》和《c 小调钢琴协奏曲》,肖邦的 e 小调和升 c 小调夜曲,还有勃拉姆斯的《降 e 小调间奏曲》和《g 小调狂想曲》……。后来,1978 年,菲律宾文化中心的音乐总监卡西拉小姐邀请我去开音乐会。定节目单的前一天梦见范老师要我前半场弹肖邦作品,卡西拉小姐听了很赞成。原先她建议我弹两个奏鸣曲,中间夹一个拉威尔的小奏鸣曲,说是"两个汉堡包,一个三明治",现在她说:"这是你的老师在天上的意思,你应该尊重。"音乐会结束后,朋友突然发现:"你弹的可全部都是小调式作品呀!"——可不是,巴赫/布索尼的《恰空》——d 小调,肖邦的 c 小调和升 f 小调夜曲,肖邦《升 f 小调波兰舞曲》,贝多芬的《c 小调钢琴协奏曲》。大雷曾经告诉我,每年春节大年初一,他父亲一清早起床,一定会以放送拉赫玛尼诺夫的《c 小调钢琴协奏曲》开始新年的第一天。大雷自己则是在其生命的最后一刻,在哼唱拉赫玛尼诺夫《c 小调钢琴协奏曲》第一乐章的主题中耗尽了最后一丝气力,追随他的父亲而去……

音乐中的小调式是神秘的、忧伤的、内省的、无奈的、又是美丽的;小调式中的 c 小调更带有那种特别的苍凉、那种悲天悯人、那种逆境中的挣扎……范氏父子二人的一生似乎也是以小调式谱写的,并且也都是重重地结束在 c 小调的终止式上!!!

清泪数滴,仅寄哀思于此文……

2007 年 3 月于美国加州

(本文作者:旅美钢琴教师)

浅谈教好学生的体会

范大雷

　　演奏是一门深奥、复杂的艺术,不仅包罗万象,而且由于各个学派、各个不同气质的人表现情感的方法不同,人们的生理条件也不一样,所以人们诠释和解决各种演奏技巧有着不同的观念和方式。在钢琴教学的领域中,每个人的经验都是从多年的教学和演奏实践中积累下来的,都是宝贵的财富。我教学十余年,得到的最大启示就是:"要找到适合自己所走的路,并且坚

持下去,条条道路通罗马。"我希望我的体会能给大家一点启示。

走好第一步

对初学者来说重要的是走好第一步。从生理上来讲,改正一个动作比学会一个动作要困难得多。一个新学生来我的班上,我总要对他进行一些调整,就好像把一辆车子推上铁轨,以后顺着轨道推就省力了。

先学会用手臂的重力,再去练手指的机械力是很见效的。一个轻松、下沉的手臂是很"重"的。手指尖(尤其是弱指四、五指的指尖)承受到手臂的重量,从而使关节得到了锻炼,很快就能站稳。而手臂的重量由于找到了支撑点,就显得放松,不容易累,音色也饱满。有的学生带着某种教学法的烙印,我看是有必要改变一下的。如强调"手架子":一个键放一个手指,手指呈半圆形,每一个手指关节凸出。我不赞成这种方法。架子是一种紧张状态,它不能使手臂的重量集中到手指尖上去,而是把手臂重量平均分摊给五个手指,它不利于手臂、手指的放松,也不利于发音的集中。正确的状态应是自然下垂的,收拢的。也有的方法强调"在弹一个音的同时,下一个手指关节要作准备",我认为这也会破坏手的下垂和放松状态。我从来不会孤立地要求学生手指关节不要瘪,因为它使手指、手腕变得非常僵硬……任何不放松的、不下沉的动作都会使手指失去重力,都是不好的状态。如果调整学生的第一步完成后,下一步就可以对手指的独立性、力度、灵活性等进行训练。我认为找到了正确的方法,学生的手指就能在今后的弹奏中(包括在弹乐曲中)不断得到练习,而且即使不做许多枯燥的练习也能获得技巧。反之如果没有掌握正确的方法,再多的"练"也是无用的。像孔祥东、周挺他们的第一步走得都很好,我从来没给他们练过什么手指练习。

培养用脑练琴的习惯

我感到人们有时过多地强调肌肉的重复练习,往往对一些技术重复练了几十次、上百次仍觉得不放心,而对用大脑控制弹奏这一点却不够重视。

其实学会用头脑控制可以节省很多练习时间,而且能在没有琴的情况下练琴。它能使人更有信心地演奏。记得孔祥东第一次开半场音乐会时的情景,他一刻不停地在后台练琴,似乎看不到琴就发慌,最后该他上场了,他却要上厕所了。我觉得这种心理状态必须改变,便开始加强他对音乐会心理准备的训练。方法有两种:一种是强调不用琴(如看谱指挥和默练——不用琴、不用谱的练习法),另一种是在开音乐会的当天不许他多练琴,如果是晚上开音乐会,下午午睡以后只许稍微活动一下手指,大部分时间只是看谱子,实践证明这是行之有效的。后来在莫斯科的柴科夫斯基钢琴比赛前,孔祥东也只是片段练一些衔接部分。每天默练数小时,结果弹得很好。后来孔祥东告诉我,有一次一位苏联钢琴家因事故不能前来开独奏音乐会,主办者临时拉他去替场,他在不到一小时的汽车路程里,用脑练琴,一到就上台弹奏,结果反映很好,由此可以看出,从小培养用脑练琴的优越性。

从乐曲中学技术

我认为这是个既能提高技术又能积累曲目的办法。当今国际上出现这样一些神童,他们年纪很小就出现在舞台上,不但技术高超、表现深刻,而且已经掌握大量的曲目。1986 年我在莫斯科举行的柴科夫斯基音乐比赛开幕式上,看到 14 岁的基辛极精彩地演奏了普罗科菲耶夫的第六奏鸣曲及几首练习曲,CD 也不断地推出。我看到的协奏曲就有海顿、莫扎特、普罗科菲耶夫、肖斯塔科维奇、拉赫玛尼诺夫、柴科夫斯基等。我想把车尔尼练习曲一本一本地弹下来,用这种传统方式对待这些神童,无疑会贻误人才。事实上我想基辛的保留曲目这样多,他的老师一定是教他通过学习乐曲本身的过程来学技巧的。我的父亲范继森在三十多年前就用这种方式教过许斐平。据我回忆,许斐平只用过很少几首 740 练习曲,而他在附小就弹了大量的肖邦作品,像叙事曲、练习曲、协奏曲、波兰舞曲、夜曲等。我也同样在孔祥东、周挺等人身上进行实践,效果很好。他们每学期所弹的曲目要比一般学生多得多。这样,他们在 16 岁参加国际比赛时,很快就能拿得出比赛曲目,而且事实证明他们的技术一点也不比别人差。

巴赫的复调快速作品不但是手指独立的理想教材,而且能培养学生用脑控制手进行多声部的弹奏,另外从协奏曲的技术片段也能学到各种技巧。孔祥东在高中三年级时就弹了不少协奏曲,如贝多芬的第三、第五,肖邦的第一,柴科夫斯基的第一,勃拉姆斯的第一;周挺仅在初二学期内就弹了三首贝多芬完整的协奏曲——第一、第二和第五。而他们在学这些协奏曲地同时,其他的曲子也没少弹。

从乐曲中学技术有不少优点。由于音乐形象比较具体,所以学生对用力的方法、声音的控制等都能更充分的理解。以学八度为例,过去我们总是先练八度的手架子,再练一些跳动不大的练习曲,似乎练习用手腕跳的练习曲写得较多,造成很多人误以为八度都是用手腕来弹的,实际上在浪漫派、现代派的乐曲中,八度常表现出有力的戏剧性形象,用手臂结合手腕弹更为常用。我曾见过一些人用纯手腕弹奏《黄河》协奏曲,显得既僵硬又乏力。我的学生周挺从来没有练过八度,我就让他弹李斯特的《西班牙狂想曲》。八度架子不练,我让他用4、5指并在一起弹,就显得有力量。前半段结束前的分解减七和弦八度,我要求他用小臂结合手腕,最后再用小指勾一下的方法来弹,他很快就掌握了。这样既能弹得快,又有力准确。以后当他遇到乐曲中轻巧敏捷的八度时,他很自然地用手腕来跳。就这样,他很快地掌握了八度的各种弹法。反过来看,这些音乐上敏感的学生理解了他们要演奏什么内容后,就会以更大的热情来克服各种技术难点。周挺在弹拉威尔的《夜之灵·水妖》的主题时遇到了麻烦,这段音乐的右手是很轻快的和弦加重复音型,这是一种独特的难度很高的技巧。当周挺读了贝朗特《夜之幽灵》这部散文诗后,对水妖的内容更加了解了,他知道左手是表现"水妖"歌唱的悲哀音调,右手部分的音型是表现神秘的水波在闪烁的背景。他理解为什么右手部分要弹PP了。他花了很多时间、很多精力去练这段技巧,后来他弹这段弹得棒极了。

以乐曲来代替练习曲这种方式并不适合所有学生。一般说来程度比较浅的学生还是让他们多练一些练习曲及音阶等基础技术。学生学到中等以上水平后(像车尔尼 Op. 740 练习曲),可选择各种乐曲的余地扩大了,就可以逐步以乐曲代替这些技术性不太高的练习曲。

不钻牛角尖

由于每个人的生理条件不一样,所以应该允许各人的弹奏姿势不一样。有人习惯于手指摊平些弹,有人习惯于小手指直弹,也有人大拇指关节生来就凹进去的,我认为不必为这些弹奏姿势费很大精力去纳入规范,这些不是原则性问题。如果学生习惯那样弹,也许是他自发地找到了与其生理机能相协调的平衡点,总的来说,我倒是偏向把手摊平弹,譬如孔祥东的音量很大,在弹一些响的和弦、八度时,常把手指弹得皮开肉绽,我让他把手摊平些,不但解决了这个问题,而且他感到弹得自在、放松了。手指的敏感部位触键点更多了,也更能控制好声音。周挺来我班上时,小指是直着弹的。我觉得没有必要去花很多时间把小手指的每个关节都练凸出来。他就一直弹到现在,直弹一样能承受很大的力量。我认为只要能弹得快,弹得放松、省力、持久,声音好听,就证明你的方法是行得通的,条条道路通罗马嘛!虽然,钢琴技巧是一种很复杂的学问,但有时你不妨把它想象得简单些为好。人们在轻松自如的心理状态下,往往较容易掌握某些复杂的技巧。要防止一种危险的倾向,那就是过分地分析,过分地分析会自找麻烦的。有个真实的故事能说明这种情况,那是在"文革"期间的"黄河学习班"上,有个爱钻牛角尖的学员,他觉得某一段技巧很难,去请教另一位基本功很好的学员,问了许许多多"为什么",又仔细地问了每个动作的步骤,结果,那位基本功很好、原来弹那段没问题的学员反而不会弹那段了。后来他告诉我,他一看到那位爱钻牛角尖的朋友来找,就像躲瘟疫一样地赶紧把门反锁上。

摸索一套适合自己的练琴方法

技术的获得,在某种程度上说取决于会不会练琴,要善于总结一套适合于自己的练习方法。譬如我从来不喜欢用变节奏的方法来练习,而喜欢用改变重量和速度的方法(如原来用每分钟120拍的速度,后来加上更多的手臂力量而速度不变,等练顺了以后,再减轻力度加快速度),因为我觉得这种方法对我有效。孔祥东在参加柴科夫斯基比赛前,弹得较粗糙,分析下来我认为是他不会练琴。虽然他练琴的热情很高,但通常是一遍遍自我陶醉地在弹。我告诉他练琴的习惯很重要,不只是要"多"练,关键是要"会"练,要学会分析曲中的难点,然后各个击破。一个有经验的钢琴家能预料哪些是他最容易出差错的地方,而进行重点练习。另外要知道掌握一些难度较高的技巧,不能急于求成,要在能控制好的速度范围里慢慢地加上来,技巧才能巩固,有时错音是心理状态太紧张或太激动时造成时,这时就要调节好心理状态。后来孔祥东在我陪他练了多次琴后,懂得了怎么练琴。周挺则比较会练,他练琴很仔细,速度很保守,总是练得很有把握了,速度还不肯上去。对他,我只好采取"赶鸭子"的方式,把他的速度潜力"挖"出来。后来我也养成了一种习惯,常常有空就到学生琴房里去看看他们是怎么练琴的,特别对那些要参加比赛的学生格外关注,一旦遇到问题就马上解决。

自信心的培养

要做好一件事首先要有信心,在舞台上自信心就显得更为重要。没有它,演奏者立刻会感到要出毛病。自信心的建立应该从两个方面着手。首先需要踏踏实实地学习,牢固地掌握音乐和技巧。另一方面也需要别人的鼓励、支持及赞扬。在这一点上,我自己有深刻的体会。我从小生活在音乐环境里,这个环境的确使我学到了不少东西,但是也有不利的一面,那就是缺乏别人的鼓励。我接触的人中弹得好的较多,特别是看到许斐平弹新作品上手快,技术没困难,我感到远不如他,我几乎把家庭范围内表演的机会全都谦让给他了,结果我反而失去了过去一度曾有的良好感觉。很可惜,那时没有人帮我分析一下我的优点。实际上每个人都有自己的长处,如果充分发挥出来,都会取得相当大的成绩。认识这点以后,我在教学中很重视这一点——那就是"捧",把学生的自信心像捧明星一样地捧出来。这样可以充分地发挥学生的学习积极性和聪明才智。孔祥东在 1988 年参加吉娜·巴乔尔比赛后对记者说:"以前没有人会想到我会成为钢琴家,是范教师给了我信心。"确实如此,记得第一次上课时,他还是个迷迷糊糊的孩子,甚至不能流畅地弹车尼练习曲。那时他弹的好像是第44条,不是这里背错了,就是那里接错头。在我帮他分析后,他还是不行。第二次上课又是如此。我想一切都要重新开始,要有一个好的"开头"。我告诉他这条练习曲写得很啰嗦,像绕口令一样繁琐,咱们暂时放下不弹。我另选了一条旋律性很强的练习曲,只要求他下次上课弹出来一半,但要求他先把音符和调性弄清楚,从此我给他外加了一门新课程——就是泛读。开始我用门德尔松的《无词歌》中的一段,要他分析后再弹。在弹的时候不能中断,即使弹错了,也等第二次弹再改过来。以后随着他的能力的提高,我再选"无词歌"中长一些的、复杂一些的曲子让他弹,以改变他不用脑子分析练琴的坏习惯。这种"泛读"练习一直坚持了好几年,要求也越来越高。记得有一次我让他在一个星期里把舒曼的幻想曲集中的"夜"背下来。我知道这对他是有一定难度的。我对他说,如果时间来不及可以把其他功课都暂时停下来,只弹这一首,如果还来不及,就把你所自由支配的时间全花在这首作品上,一定要背出来,"逼"他一定要"完成"任务。后来他的确被逼出来一套本领,在他参加柴科夫斯基比赛前,我给了他勃拉姆斯第一协奏曲,一星期后上课,我们就在课上合了第一乐章。他已背出来了。自从孔祥东开始来到我班上后,我常抓住他优点表扬他,如他的旋律弹得很动听,声音很优美等(哪怕是很小的优点我也抓住机会给予表扬),他练琴的积极性也不断提高。另一方面,我帮他做大量的"份外"工作,如每次演奏前帮他默背谱(通常不用琴不用谱的),有时在黑板上将赋格填充声部练习。为了使他在演奏上有充分的思想准备,我常私下请教师或朋友来听(或者说是吓唬)他。我还常把他带到家里请家人听(请家人捧他),这以后在演奏会上一次比一次弹得好,自信心也就逐渐建立起来了。自信心抹去了蒙在他身上的尘土,使他的精神面貌焕然一新。他每次比赛都弹得比平常好,甚至在老柴决赛时,他同第一名道格拉斯同样是弹勃拉姆斯第一协奏曲。道格拉斯弹了以后听众反映非常热烈,孔祥东却说:"没有什么了不起的,他用脑子弹,我用心弹!"一次他去日本演出,一个多月后,又要去西班牙比赛,在此期间我还是要他参加文化课考试。文化课复习及考试使他一个多星期没有碰琴,而考试一完就要连开两场曲目完全不同的独奏会,其中有些曲子他好几个月没练过,只来得及走台过一下,但他很沉着地走上舞台。虽然这两场独奏会不太理想,但他说在那种状态下他都对付下来了,比赛时一定会发挥好的。还有个很能说明泛读了几年之后使孔祥东的自信心更强的例子,那是在西班牙比赛前一个月,一位美国曼哈顿音乐院的教授听了孔祥东弹后认为他弹得很好,他问我们拿到为比赛写的新作品没有?我们说还没寄到。他认为新作品是节拍复杂的,多声部无调性的"无穷动"长达十分钟。他的学生接到谱后已决定弃权了。他认为中国人对新作品了解甚少,不可能在短短一个月内弹出来。不久我们收到了寄来的乐谱,的确十分难弹,几乎是一小节一小节啃出来的,好不容易练了一次,然而使人灰心的是第二天早晨去弹,又像是弹生谱一样,把前一天练的忘了。好几次孔祥东把琴谱甩到地上。我分析给他听:"你现在弹新作品上手已很快了,一定要坚持下去,你觉得难其他选手也会感到难的。"他只得拾起再弹。后来孔祥东每晚挑灯夜战。到要比赛的前一天终于弹下来了。这时他发现有些选手还弹不下来,气得把谱子都

范大雷(左)与孔祥东

(1986 年莫斯科柴科夫斯基国际钢琴比赛归来)

撕了。后来听说连评委都认为这次的新作品份量太重了。可是以前弹新作品很慢的孔祥东闯过了关。

自信心建立后,甚至使一些技巧也变得容易解决了。在稳定、自信的情况下,你会感到一些高难度的技巧显得容易对付。譬如我的两个学生在弹西班牙狂想曲结束前的双手大跳,开始他们都感到很难弹准确。我告诉他们找弹大跳时的经验。一方面在弹奏大跳时要沿着抛物线从一点到另一点直接找到位置(因为曲子的速度快,不允许先找到位子再弹),另一方就是要自信自己一定是准确的,不能有丝毫犹豫。我弹大跳前对要跳的和弦的位置有一种预感,这种预感会让你觉得这不是一种冒险,而是胜利前的喜悦。后来他们在弹这些大跳时也领会了,而且跳得非常准。顺便说一下,在教学中教师的自信心也很重要,我自己也弄不懂为什么我在一开始教孔祥东时就那么有自信心。我在教孔祥东一个月后曾对学校的一位同事说:"孔祥东在一、二年内会成为学校最出类拔萃的学生。"因为我深信这一点,所以我就愿意在他身上多花工夫而且有耐心。我的自信心还表现在具体的教学中,学校常有国外的名教授专家来讲课,这当然是个学习的好机会,但是其中会出现一些南郭先生,而且即使是非常权威的专家也不一定很了解学生的情况。当他们给我的学生上完课,我总要来个总结,哪些要改、哪些不要改,哪些以后再改。如一次一位专家听了周挺弹的莫扎特协奏曲后,说他的声音风格不对,像弹贝多芬的风格,课后我马上对周挺说:"不!你的声音很好!弹莫扎特协奏曲要同乐队合作,就要这种丰满圆润的声音!"后来在日本的比赛中,评委们特别指出周挺弹的莫扎特协奏曲音色和风格都很好!我觉得国际间的文化交流能学到很多先进的东西,的确需要踏踏实实地学,但另一方面,我们应该走自己的路,有自己的观点,不要盲目迷信外国权威的东西。有一次,14岁的周挺弹肖邦的第一叙事曲给一位专家听,那位专家说,任何16岁以下的孩子,都不应该弹肖邦的这些有爱情内容的作品,因为他们不懂爱情,所以也弹不好。只有一位孩子例外,那就是他们的神童基辛。首先我不赞同这种"不懂爱情就不能弹涉及爱情内容的作品"的观点,其次我也为我们有才能的孩子悲伤。苏联为他们的天才儿童创造了无与伦比的学习条件,而我们的学生却在坏得难以想象的破琴上练习。我想我们的国家如果能再多关心一些我们的音乐事业,我们不久也会培养出自己的基辛来的。

因 材 施 教

因材施教使我想起我国的根雕艺术,老师傅先寻找到了一些他满意的奇形怪状的树根,再仔细观察并加以想象之后,把它雕成艺术品。一个好的钢琴教师也应该像根雕艺术家一样有洞察力和想象力,他应该是设计师,而不是像老式作坊一样,用单一的工艺做千篇一律的产品。

学生有各种性格、气质,生理条件也不相同。我按照各人的情况进行不同的安排。如孔祥东,他性格热情,体格健壮,我一开始就让他多接触一些八度技术,让他全面地掌握大型技术。而对一些手小的女孩子,我当然更注意她们的内在气质,使她们的小手更具有灵巧性。在教过孔祥东以后,很难不被他的热情气质和辉煌技巧所感染,当他毕业后,我遇到的却是跟孔祥东完全不同的周挺,他性格内向,身材矮小,但他弹莫扎特的纯朴无华的风格给我很深的印象。他很会听自己的演奏,我感到这是块好料(我回绝了当时他们那届被认为是最好的一名学生,而答应教周挺),同时我也意识到我要塑成的这块料应和孔祥东完全不同。

周挺的视谱、背谱很快,在这方面完全不用我去费心。我利用他听觉敏锐的特点,较多地示范给他听声音,借助听觉使他领会各种触键技巧。我比较强调具有穿透力的颗粒性强的声音,这是手指技巧的基本功。回想开始教周挺时,我给了他莫扎特第 19 协奏曲,一个星期后上课,他能和我合第一乐章了。我发现他有潜力可挖,就换肖斯塔科维奇的 C 大调协奏曲。对于他来说,这是个陌生的领域,作品很多地方要求钢琴像打击乐器,清脆,明亮。通过对这种风格的理解,他很快就把这种具有穿透力的颗粒性技巧掌握住了。以后我基本上用学习乐曲来解决技术问题,我发现这对于听觉敏锐的周挺是条捷径。

周挺的浪漫气质是很有节制的,所以有些人认为他不太乐感。的确,孔祥东的浪漫气质使他在慢板时气息特别长,他可以弹得很慢而旋律的内在张力仍然存在,是不是要学学孔祥东呢? 不行! 我觉得周挺在音乐的结构上有天生的平衡感,他的整体感使他不习惯这种太浪漫的抒情。他应该要走自己的路。我一方面选择适合于他的作品(如印象派、近代、现代的作品),另一方面在弹古典和浪漫派作品时,我更注意他的整体结构和声音的多层次,发挥他的长处。譬如他和孔祥东都弹过李斯特的西班牙狂想曲,都弹得不错,然而风格是不同的。周挺在结构上显得更精炼,音色变化更细致,而孔祥东则显得宏伟浪漫热情。

范大雷和周挺
(1991 年周挺在香港演出)

因材施教是人人都知道的好的教学法,但是有时教师为找到合适的教材要付出很多的精力去备课,而且花了精力是否能见效呢? 拉威尔的"夜之幽灵"是钢琴文献中最艰难的作品之一,我一直认为这是适合周挺的曲目,但开始我给周挺弹时,他不喜欢,我坚持要他弹并背出。然后过一段时间再来弹,这样反复几次。该曲中各种各样的技巧就在这一次一次的反复练习中被攻克了。它的效果终于出来了,周挺也喜欢它了。这次在美国的斯特拉文斯基比赛中他弹奏拉威尔的《斯卡帕》获得好评,今年夏天在香港演出,周挺弹《斯卡帕》也赢得评论界的赞扬。他在这个曲子上花了不少工夫,并且学到不少技巧,最后得到了果实。

进入音乐王国

有一个好的音乐环境对学钢琴的学生来说是至关重要的。难怪这次许斐平回来时,我问他在朱丽亚音乐学校学习印象最深的是什么,他说:"是非常好的音乐环境和气氛。"在那里每天都能听到世界一流的钢琴家、音乐家的演出。我自己的亲身体会也是在好的环境中得到的音乐养料,这比一个星期一次的专业课上得到的多。我小时有良好环境,我能有机会听到许多教师和同学的演奏,以及音乐会后他们对演出的讨论。我十多岁起就常帮父亲去音乐书店买唱片和乐谱,并是家里藏书和唱片的主管。尽管那时我不能算懂音乐,但是我却获得了许多音乐知识。"文革"时,由于不能练琴,我们一群热爱音乐的学生自发地聚在我家,组成了自己的音乐圈子,我们的活动多种多样,用毯子捂住喇叭听音乐,讨论音乐,还有用假声弹唱歌剧的咏叹调……好不热闹。我们是狂热的音乐迷,有最崇拜霍罗维茨的,也有最崇拜塞尔金的(后来甚至同塞尔金有不断的书信往来)。我觉得在这个圈子里我学到了很多东西,艺术趣味不断地提高。我觉得在这个"大教室"里我如同上完了钢琴史的课。更重要的是那时我在手风琴工厂里做了十几年的工人,可是我对音乐的兴趣却有增无减,因为我的生活里充满了音乐。很可惜,今天当学校的各种音乐资料比以往任何时候都多时,却失去了这种迷恋音乐的气氛。所以我有意识地在教学以外去创造这种气氛,让学生迷上音乐,补充各种养料。

开始我用布置回家作业的方法,要学生去听一些和他们弹奏有关的作品,他们常常不介意,没去听,就是听了也不知道是谁演奏的,更说不出好坏,但是我坚持要他们听,同他们一起讨论。我常常把学生带到我的圈子里去熏陶,让他们听我收集的音响资料。我发现指导他们听这些音响资料是十分必要的。要不他们总是只会听速度。

　　孔祥东上初三那年的夏天,学校放暑假不能住宿,他就住在我家里,除了他到学校练琴外我让他在我的环境中熏陶。中午休息,我们一边下棋,一边听音乐,晚上又是音乐欣赏,有时候我特地找出好几个演奏家弹的同一作品,细细地逐一比较。我告诉他我的观点。艺术欣赏是作曲家、演奏家和听众都参与的活动,其中演奏家是听众同作曲家的媒介,演奏家既要尊重作曲家的意图,又要在这个基础上再创造,表现出自己的个性,这才是好的演奏。听众应该首先考虑演奏家是否按照作曲家的风格在演奏,其次才是他本人的个性的表演。从这个观点出发,我不太喜欢很多人推崇的霍罗维茨弹奏的肖邦马祖卡。虽然他节奏弹得很活泼、旋律弹得很迷人,但似乎弹得不像肖邦的马祖卡,而像霍罗维茨本人的马祖卡了。我常向学生们推销我喜欢的演奏家,如米开朗其里演奏的拉威尔 G 大调协奏曲。演奏者不但把作曲家的风格把握得如此好,而且在音乐结构上和音色上也处理得无与伦比。我觉得虽然我们借助书本能了解到一些有关作曲家的生平和创造过程,但是我们只有多听他的作品才能真正领会作者的风格。这部作品究竟应该是什么情绪,什么速度……我们听多了也会知道为什么弹某些作曲家的作品时,可以把 p 弹成 f,而却不能把分句和重音颠倒。在年轻一代的钢琴家中,我很向学生推崇帕拉夏(Murry Peraùla),他的演奏精致,客观,能很好地把握作品的内质,达到一般演奏家达不到的深度。但我本人更欣赏鲁普(Raduiupo),他既能把握作品的内涵,又把自己的个性和想象力表现进作品里去,他热情、有生气的演奏更具有感召力。在我的影响下,一些学生也开始热心地收集起唱片、录音来了。如孔祥东他的琴房里贴上了他喜欢的演奏家像片,并常有人给他寄国外的音乐评论、节目单及唱片磁带。所以我在课间休息时也爱往他房里跑,我在那里能得到很新的信息。直到现在,孔祥东人虽在美国,仍常打电话来,一打就是个把小时,谈的几乎都是有关音乐的事。

　　我记得在教周挺的第一次课时,我送给他一盘苏联神童基辛在柴科夫斯基比赛开幕式上的实况录音,以勉励他好好向人家学习。今年夏天我们去香港演出,也逛了唱片店,他自己买了好几盘基辛弹的 CD。从这个意义上来说,我已把他带进了音乐王国。当然并不是所有学生都能进入这个王国的。有些学生只肯听他们自己所弹的作品,也有的人地确很喜欢音乐,收集了不少资料,然而并不懂得怎样去欣赏音乐。但是我觉得学音乐的人不迷上音乐,怎么能使学习的热情长久呢!

＊　　　　　＊　　　　　＊

我们的学生是世界上最勤奋的学生,只要我们教得得法,就都能成为出色的人才。我的一位教钢琴的朋友两年前定居美国了,他来信对我说,他一切都很好,就是特别想念中国的学钢琴的学生,他们是那么勤奋,有才能,在国外再也教不到这样的学生了。我觉得为了这些学生,我们教师也应该不断在教学中探索新的经验,尽快更多地培养出自己的人才来。

1991 年

（本文作者：上海音乐学院附中钢琴教授,范继森先生之子）

编　后　记

　　范继森先生在"文革"时期 1968 年去世，至今已近四十年了。回忆当时在龙华殡仪馆的一间小厅里，我和孩子们为他送行的情景，仍然记忆犹新。那里冷冷清清，除了我们一家人献给他的一束鲜花，什么也没有。我们孤零零地站在他的遗体旁，望着他那消瘦的遗容，欲哭无泪，满腔苦水无处诉说……

　　范先生热爱祖国，热爱音乐，他一生为了音乐事业呕心沥血，为国家培养了许多人才，却被蒙上不白之冤，被污蔑为"反革命"，"反党反社会主义的反动学术权威"。由于他被划为敌我矛盾，孩子们受到牵连，成为反革命子女。我们在农村插队落户的儿子，在农村劳动了五年，不能升学，不能调到工厂工作，思想受刺激，得了精神分裂症，这个无辜的孩子就此被毁。每当我想到这些就十分痛心，"文化大革命"带给我们的灾难实在太重了！

　　十年动乱过去了，"四人帮"倒台了。1978 年 10 月 24 日上音党委为"文革"时期遭受迫害致死的九位教授及一名青年教师在龙华烈士公墓大厅举行了追悼会，为这十位知识分子平反昭雪，范继森在这个大会上终于得到了平反。感谢党的英明措施，为范继森恢复名誉，洗清罪名。

　　改革开放后国家欣欣向荣，我国钢琴教育事业蓬勃发展，新的人才不断涌现，范先生的学生和后辈们都在音乐岗位上作出了贡献，大家为了同一个目标奋斗，范先生在九泉之下知道了一定会感到欣慰。

　　今年是范先生九十诞辰，正值上音八十年校庆，钢琴系准备整理四位已故教授的资料。在钢琴系常务副系主任杨韵琳教授等领导的关心下，我们编撰了《范继森纪念文集》。感谢上音领导和校庆办负责人对我们的大力支持和资助,感谢院出版社给予帮助,使这本纪念文集得到出版。

由于范先生的学生们大多在外地或国外,我在今年1月底才开始与他们联系,时间较仓促。通过国内外长途电话取得联系后,范先生的学生和朋友们知道要写纪念范先生的文章,大家都很热情地答应写稿。在2月中、下旬就有人寄来稿件,到4月中旬基本已收齐。我读了所有的纪念文稿,每篇都怀着深厚的感情,十分亲切感人,体现了范先生在教学中倾注的心血和对学生的爱心,我为范先生感到欣慰。在此,我向所有撰写纪念文稿的作者表示衷心的感谢。

我对于编稿出书毫无经验,这本纪念文集能够编成,全靠几位热心人的帮助。首先我要感谢的是桑桐先生和汪启璋先生,桑先生帮我与学校联系,指导我具体要做哪些事,他除了写稿,还帮忙题词及编排目录等;汪先生建议写"三代人",我们选用了许寅写的《键上三代人》(范继森——洪腾——李坚)及范大雷写的《浅谈教好学生的体会》(范继森——范大雷——孔祥东和周挺),本来还打算另有一篇"三代人"(范继森——王羽——许忠),由于王羽先生有病不能写稿,非常遗憾。我的两篇文稿也得到了汪先生的指导。其次我要感谢的是周薇、葛蔚英、顾其华三位先生。周薇做了大量工作,她帮我校阅、整理所有的来稿,并送出去打字,再交我保存,电传稿件全部由她负责收稿整理。葛蔚英先生腰部扭伤,行动不便,为了帮我整理"范继森生平"文稿,多次来到我家热情相助。顾其华先生家中有病人住院,她在百忙中仍热心来帮忙校稿。在大家的帮助下,这本文集在指定时间内得以完成。

最后,我要向范先生的生前好友和学生们致以衷心的感谢,多年来大家对我们一家人十分关怀,在精神上给予支持,在生活和经济上给予帮助,你们的恩情我们永远忘不了。

编　者

2007.5

安眠吧，勇士

田　汉词
范继森曲

血　写成了一首　悲 壮　的 诗。

quasi recitativo

这 是 一 个 非 常 的

时 候，需 要 许 多 贤 者 的 牺 牲。

allegro con forza

但 是 敌 人 啊，　你 别

ff

resoluto

accele

con forza

得 意。

也就是光 明 的 开 始。 这虽是黑 暗 的

尽 端,也就是光 明 的 开 始。

千 万 人 的眼泪,洗着你墓上的花枝。四万万同胞的双手,

承继 着你的 遗 志。

安 眠 吧,勇

士! 安眠 吧,勇 士! 安 眠 吧,勇 士!